En la Oscuridad, ¡Resplandecerás!

Christy Muller

En la Oscuridad, ¡Resplandecerás!

Vida

DEVOCIONAL PARA MOMENTOS DE DOLOR

La misión de Editorial Vida es ser la compañía líder en satisfacer las necesidades de las personas con recursos cuyo contenido glorifique al Señor Jesucristo y promueva principios bíblicos.

EN LA OSCURIDAD, ¡RESPLANDECERÁS!

Publicado por Editorial Vida – 2023
Nashville, Tennessee
© 2022 Christy Muller

Editora en Jefe: *Graciela Lelli*
    Edición de contenido: *Pepe Mendoza*
    Edición de estilo: *Madeline Díaz*
    Diseño: *Carlos Silva Villalba*
    Diseño de ilustraciones: *Karen Castilla*

ISBN: 978-0-82977-148-0
Book: 978-0-82977-149-7

CATEGORÍA: Religión / Vida Cristiana / Devocional
IMPRESO EN COLOMBIA
PRINTED IN COLOMBIA
23 24 25 26 NMS 9 8 7 6 5 4

A mi querido abuelo, Luis A. Monrouzeau Martínez Don Pacho:

Abuelito, ¡no sabes la alegría que siento de poder dedicarte este libro en vida! Gracias a la obra de Dios en ti, tus hijos y nietos somos lo que somos. En ti fue que todo comenzó. Le abriste las puertas de tu corazón a Jesús y construiste una familia llena de amor y rectitud. Gracias por amarnos tanto. Gracias por todo tu esfuerzo, sacrificio, ejemplo y dedicación. Tu semilla continuará dando fruto, porque sembraste con demasiado amor.

Te amo,

Christy

CONTENIDO

Prólogo

La oruga no necesita un milagro para poder volar, necesita experimentar un proceso transformador en la oscuridad de su crisálida.

De la misma manera, tú no necesitas un milagro para ser lo que Dios quiere que seas, necesitas experimentar un proceso de transformación. Es un proceso doloroso, muchas veces incomprensible para tu razón y desesperante para tus emociones, pero créeme, el escultor divino sabe lo que está haciendo en ti. Tu Creador ha tomado tu corazón en sus manos y está moldeando una imagen preciosa. Está esculpiendo tus nuevas alas, porque fuiste creado para volar, no para arrastrarte.

Y de eso se trata este libro, de darte esperanza mientras te encuentras en la oscuridad de tu proceso y revelarte verdades que te harán posicionarte para tu transformación. Te desafiará a permanecer en las manos del escultor divino, aunque duela, mientras esculpe tus nuevas alas que te permitirán alcanzar las alturas, allí donde se encuentran los propósitos de Dios para ti. ¿O acaso pensabas que alcanzar tu diseño divino iba a ser indoloro?

Christy Muller es una mujer con alas que fueron esculpidas por Dios en la oscuridad de sus propios procesos dolorosos, y ha escrito este libro para regalarnos toda la sabiduría que ha adquirido a través de su experiencia. Sin embargo, lo que me emociona es que lo hace con honestidad, atreviéndose a ser vulnerable, con el deseo de acompañarte en tu proceso de transformación y recordarte en cada página que tu dolor tiene sentido. Por esa razón, este libro es una caricia para el alma que sufre.

La autora ha logrado atrapar mi atención en cada capítulo, donde nos presenta de manera dinámica una historia real y después la conecta con una historia de la Biblia, extrayendo principios tan prácticos que podrás aplicarlos a tu vida y experimentar sus efectos. Inmediatamente.

Christy nos revela la verdad que nos hace libres y nos desafía a tomar decisiones transformadoras. No obstante, lo que más me gusta es que nos recuerda una y otra vez que Dios está con nosotros en la oscuridad y que podemos confiar en Él.

Antes de leer este libro, Christy Muller era para mí una mujer que admiraba por su habilidad para enseñar, su talento para hablar y su genialidad para escribir, pero ahora la admiro además por la ternura de su corazón, tan sensible hacia los que sufren y dedicado a sanar al alma herida. Ella es una mujer inspiradora.

Gracias, Christy, por escribir en estas páginas lo que Dios ya había escrito en tu alma durante años para que todos lo podamos leer y aprender a tu lado. Sin duda, es fácil sentirte cerca mientras leemos tu libro.

Para terminar, querido lector, déjame decirte que si al hablar con Dios mientras estás leyendo se te atascan las palabras en la garganta de tanto llorar, puedes estar tranquilo, Jesús sabe leer tus lágrimas. Te lo prometo.

Itiel Arroyo

Imperdible

Por Christy Muller

*D*icen que en la vida nada es seguro; sin embargo, tengo que diferir. Creo que hay cosas que sí son seguras, como el hecho de que todos en algún momento vamos a sufrir. Los momentos difíciles nos llegarán a todos, porque la vida no es estática, ni lineal, sino que está llena de altas y bajas. Este libro está lleno de herramientas para que puedas sobrellevar la vida tal cual es: imperfecta, llena de desafíos, en la que todo el tiempo estamos dejando ir unas cosas y recibiendo otras. Una vida en la que, aunque a veces no veamos a nadie a nuestro lado, realmente no estamos solos. De hecho, el que tengas este libro es una muestra de que gozas de compañía. No tenías por qué tenerlo, pero lo tienes ahora en tus manos. No me cabe duda de que Dios está pensando y cuidando de ti, y es mi oración que a través de estas semanas seas dirigido paso a paso para que puedas sobrellevar cualquier tiempo difícil por el que puedas estar atravesando.

Este libro devocional tiene como propósito que cada día tengas la porción que necesitas para ser guiado y fortalecido. Sé que en los momentos duros no siempre queremos hablar; a veces porque no encontramos las palabras para describir el dolor, y en otras ocasiones simplemente porque no queremos ver ni hablar con nadie.

Por otro lado, a la par de esa sensación, también nos puede doler la soledad y quisiéramos tener a alguien que nos comprenda, apoye y guíe para salir de la oscuridad en la que nos encontramos. Esa es la razón principal por la que escribí este libro. Permíteme acompañarte en tu momento de dolor. Sin ruidos, a tu tiempo, a tu ritmo y en el lugar en el que te sientas cómodo, yo estaré a tu lado a través de mis palabras a fin de brindarte las herramientas que necesitas para sobrellevar el momento que estás atravesando.

Secciones que hacen este libro único:

Devocional para 5 semanas

Este libro devocional está diseñado para cinco semanas. Cada semana tiene una temática distinta, por lo que te recomendamos leerlo en orden.

Hábitos de vida

Eres un ser integral —espíritu, alma y cuerpo—, por lo que este libro está diseñado para apoyarte en todas las áreas. Cada día incluye un «hábito de vida», los cuales son una recopilación de las recomendaciones más importantes que la neurociencia, la psicología y la consejería espiritual han probado como ayuda para prevenir o salir de la depresión y la ansiedad, siendo ambas algunas de las condiciones que podemos experimentar cuando vivimos momentos difíciles prolongados o no superados. Si los pones en práctica, te aseguro que tendrás resultados muy positivos.

Actividades Ilustrativas

Anhelo que este sea un tiempo relajante para ti, por lo que iremos planificando cómo aplicaremos las herramientas que te brindo, pero de forma sutil. Con ese fin, hemos diseñado este libro con actividades ilustrativas que te invito a realizar cada semana.

Notas Personales

Es importante que vayas escribiendo cómo te vas sintiendo en el transcurso de la lectura. Es por esto que te proveemos un espacio para que puedas anotar cómo te sientes al culminar cada semana.

Eres tu más importante proyecto en la vida. Si te comprometes a recibir el alimento que necesitas para nutrir cada área de tu ser a través de este libro, te aseguro que aun en medio de la más cruel oscuridad...

¡Resplandecerás!
Christy Muller Monrouzeau

Semana 1
El cisne negro

Semana 1

Introducción

El dolor es inevitable en la vida. Nada, aun lo más maravilloso que pueda ocurrirnos, es perfecto. Una madre que recibe a su hermosa criatura experimenta un gran sufrimiento en el parto. Un profesional que tiene éxito vive circunstancias difíciles para alcanzarlo. Hasta Dios mismo sufrió la cruz para darnos el regalo de la salvación. Sin duda, la vida está llena de momentos extraordinarios, pero también de grandes desafíos. Algunos de ellos se ven venir y otros son totalmente inesperados. Para algunos encontramos consuelo, pero para otros llegamos a sentir que no hay salida. ¿Qué hacer cuando estos momentos llegan? ¿Cómo sobrevivir al dolor? ¿Cómo no quebrarnos en el proceso? Esta semana nos acercaremos a la única fuente capaz de brindar respuesta a estas interrogantes. Oro que la presencia de Dios te acompañe en este recorrido y con Su poder establezca la verdad que necesita conocer tu corazón.

Día 1
El Inesperado

Era miércoles en la mañana cuando Cinthya y su esposo Ernesto se alistaban para ir al trabajo. Algo tarde ya, Cinthya tomó a su pequeña hija junto con todas sus pertenencias, se despidió con rapidez de su esposo y se marchó. Era un día como cualquier otro, lleno de tráfico en la carretera. Cinthya comenzó a hacer algunas llamadas para aprovechar el tiempo, mientras su pequeñita cantaba una canción nueva que había aprendido en la escuela. De repente, escucha una bocina que suena con insistencia, un camión ha perdido el control y viene rápidamente hacia ella. En segundos su vehículo es impactado. Ernesto apenas pudo sostener el celular cuando recibió la noticia: aunque su hija estaba bien, su esposa se encontraba en el hospital en cuidado intensivo. Hacía menos de una hora que había estado con ella, ¿cómo sucedió esto?

«El cisne negro». ¿Has escuchado esta frase anteriormente? El cisne negro es un concepto metafórico que se usa para referirse a aquellas circunstancias negativas e inesperadas que producen un fuerte impacto en nuestra vida. Podría tratarse de un grave accidente, un diagnóstico médico desfavorable, la pérdida de seres amados, la traición de alguien cercano, o cualquier situación dolorosa que estremezca nuestra vida en forma negativa.

Estas experiencias difíciles tienen el potencial de generar en nosotros pensamientos de mucha preocupación y sentimientos de absoluta desesperanza. ¿Qué podemos hacer cuando el cisne negro llega a nuestra vida? ¿Sobreviviremos a él?

Una Historia Verdadera

«Respondiendo Jesús, dijo: Un hombre descendía de Jerusalén a Jericó, y cayó en manos de ladrones, los cuales le despojaron; e hiriéndole, se fueron, dejándole medio muerto. Aconteció que descendió un sacerdote por aquel camino, y viéndole, pasó de largo. Asimismo un levita, llegando cerca de aquel lugar, y viéndole, pasó de largo. Pero un samaritano, que iba de camino, vino cerca de él, y viéndole, fue movido a misericordia; y acercándose, vendó sus heridas, echándoles aceite y vino; y poniéndole en su cabalgadura, lo llevó al mesón, y cuidó de él. Otro día al partir, sacó dos denarios, y los dio al mesonero, y le dijo: Cuídamele; y todo lo que gastes de más, yo te lo pagaré cuando regrese» (Lucas 10:30-35).

Es interesante que Jesús se tome el tiempo en esta parábola para situar al protagonista como alguien que desciende de Jerusalén. Les voy a explicar por qué la ubicación es importante. Jerusalén significa «ciudad de paz», por lo que este hombre descendió de ese lugar pacífico para repentinamente enfrentar lo que pudiera ser el peor momento de su vida. Así es como el cisne negro aparece.

Podemos tener salud, estar económicamente tranquilos o disfrutar de una relación estable, cuando de repente y sin el menor aviso, del lugar de la paz pasamos a una pandemia, la crisis económica o la soledad. Este hombre del que habla Jesús no es distinto a ninguno de nosotros. Estoy segura de que esa mañana no pensó: *Me alistaré, comeré algo, pasaré por Jericó, allí seré severamente golpeado y luego me detendré en casa de un mesonero que me cuide mientras estoy moribundo.* Sin lugar a dudas, este trágico evento era totalmente inesperado para ese hombre. El momento malo llegó y punto, sin previo aviso; tal y como nos sucede también a nosotros.

Me entristece contemplar lo que le aconteció. Observa las acciones que se muestran en el verso: *le despojaron, le hirieron, se fueron, lo dejaron medio muerto.* ¿Te suenan familiares algunas de estas descripciones? ¿Te has sentido así alguna vez? ¿Has sido despojado de tu salud, de tu paz o de tus sueños? ¿Has sido herido por quienes se supone que te amaran? ¿Abandonado por quienes prometieron estar contigo? ¿La situación que has atravesado ha sido tan difícil que sientes que te ha dejado medio muerto?

Sin embargo, Dios es bueno, y para alegría nuestra esta parábola no finaliza con dolor y muerte. *El cisne negro* puede asaltarnos, pero esa es solo una parte de la historia. Jesús nos dice que aparece un personaje para brindar ayuda. Esta persona en particular resulta inesperada, porque se trata de un samaritano. Los judíos ni siquiera hablaban con los samaritanos, ya que los consideraban inferiores a ellos, por lo que nunca se esperaría que fuera precisamente un samaritano quien ayudara a un judío. No obstante, para sorpresa de todos, es el samaritano quien se acerca compasivamente al herido. Puedo imaginar la escena: el judío inmóvil, agonizando, tirado al lado del camino, con un ojo entreabierto, reconoce que pasa por allí el sacerdote, pero este sigue de largo sin detenerse. Al rato viene un levita, y aun viéndolo agonizar, tampoco lo socorre. Entonces se acerca el samaritano, quien ni es un hermano judío, ni tiene la preparación o el reconocimiento del sacerdote y el levita, pero sí conoce el sufrimiento. El samaritano sabe lo que es el rechazo y el dolor, por eso no puede ser indiferente.

El judío moribundo ve como el samaritano se acerca. Por su mente pueden pasar muchas cosas: quizás lo lastimaría más, se burlaría, le quitaría algo que le quedara. Sin embargo, no es un arma la que saca de su cabalgadura, sino aceite y vino, con los cuales comienza a limpiar sus heridas y luego las venda. Después lo monta en su cabalgadura, lo lleva a un lugar seguro, cuida de él y finalmente paga por sus necesidades hasta que se restablezca.

Jesús narra esta parábola para enseñarnos cómo deberíamos amar a otros, pero me es imposible leerla con detenimiento sin ver a Cristo mismo y como Él representa su extraordinaria obra en nuestros momentos de dolor.

Dios realmente sabe cuándo tú y yo ya no tenemos las fuerzas para continuar, y por eso es Él quien se acerca a nosotros. Así como le pudo resultar inimaginable a aquel hombre que un samaritano se le acercara, a nosotros también nos puede parecer increíble que el Dios del cielo y la tierra esté interesado en cuidar de ti y de mí. Así como aquel samaritano, Jesús entiende el dolor del herido. Él conoce que los golpes recibidos han sido fuertes, los cuchillazos han penetrado el alma. Él conoce ese sufrimiento, porque lo ha experimentado. Jesús conoce el rechazo, la traición, la maldad, el dolor intenso de la pérdida, por lo que detenerse para curarte se convierte en una necesidad para Él. Entonces, viene la mejor parte. Podrías pensar que se acerca para juzgarte o condenarte, pero no es así; lo que tiene para darte es amor, cuidados y sanidad. Jesús ha llegado para desinfectar tus heridas y sanarte por completo.

No existe ninguna herida que Su aceite no pueda sanar. Él entiende tu dolor, ha pagado por ti y te cuida, porque Jesús te ama.

La historia de Cinthya[1] puede tener distintos desenlaces. Dios puede derramar Su aceite para sanarla o llevarla a una

....
Se trata de una parábola moderna.

eternidad llena de vida y plenitud. Dios puede mostrarle Su amor a Ernesto levantando a su esposa o puede mostrarle Su amor consolándolo y fortaleciéndolo en medio de la pérdida como solo Él puede hacerlo. La fidelidad de Dios se traduce en que Él siempre está presente y tiene el poder para hacer lo extraordinario, ya sea en lo terrenal o en la eternidad. Dios no ha prometido una vida sin cisnes negros; lo que sí nos ha prometido es que nunca los tendremos que enfrentar solos. Él siempre está a nuestro lado, no solo con buenas intenciones, sino con el vino y el aceite que necesitamos para ser completamente sanados y restaurados en Él.

Así como sucesos inesperados pueden asaltarnos en la vida, existe también un Inesperado, que llega en el momento preciso con aceite y vino para vendar nuestras heridas y salvarnos.

Oración

Padre, si te soy honesto preferiría no tener que enfrentar cisnes negros en la vida. Sin embargo, entiendo que la vida es imperfecta, que el dolor, al igual que la alegría, es parte de ella. Por lo que quiero pedirte y agradecerte que estés a mi lado para enfrentarlo. Señor, ayúdame a enfocarme en Tu sanidad más que en mis heridas, y a darle más valor a esta relación tuya y mía que a cualquier otra relación que me haya dejado mal herido en el camino. Gracias por amarme, cuidarme y sanarme.
Por Jesús. Amén.

Hábito de Vida

Aunque no tengas ánimo, comprométete a exponerte a nuevas experiencias saludables. Puedes inscribirte en clases de cocina, pintura, idiomas, algún instrumento musical o cualquier otra actividad que te guste o nunca hayas practicado. Nuestro cerebro hace nuevas conexiones neuronales cuando nos exponemos a nuevos aprendizajes. ¡Verás lo maravilloso y saludable que es practicar este nuevo hábito!

Notas Personales:

....

....

....

....

....

....

....

....

....

....

....

....

Día 2
El Velorio

*E*ra lunes en la mañana cuando entramos al templo. El lugar estaba repleto de caras conocidas y el dolor era evidente en cada una de ellas. El pastor había fallecido. Un hombre realmente amado y respetado por todos había sido llamado a la presencia del Señor. Apenas habían pasado unas horas y ya sus familiares, amigos e hijos espirituales sentían el gran vacío de su ausencia. Su hermano menor comenzó a hablar, y mientras escuchaba sus palabras me fue imposible contener las lágrimas. Sabemos que el cristiano llamado a la vida eterna goza de una vida mejor, pero los que se quedan sufren su ausencia.

Me preguntaba mientras escuchaba: «¿Hay consuelo para la pérdida de un ser amado o es que acaso solo nos queda aprender a vivir con el dolor que produce ese vacío?». Al finalizar el servicio, nos acercamos a la familia para darles el pésame. Uno de los sobrinos más apegados al pastor me dijo: «Mi tío durante años nos habló de la gracia de Dios que llega en el momento oportuno. Hoy, Dios nos está arropando con esa gracia para consolarnos». Aquellas palabras calaron hondo en mi interior: la gracia de Dios es suficiente.

> «Pues así como sufrimos abundantemente por Cristo,
> **así de grande es el consuelo que él nos da»**
> (2 Corintios 1:5, nbv, énfasis mío).

Por gracia, Dios nos da la medida del consuelo que necesitamos para sobrellevar nuestros momentos de dolor. ¡Esta es una verdad reconfortante!

Imagina que te dicen que vendrá un aumento en los precios de los alimentos, la luz o el agua. Así que inmediatamente te preocupas pensando que quizás no podrás cubrir esas alzas. Sin embargo, si te explican que junto al aumento de precios te aumentarán el sueldo en la misma medida, entonces sientes paz, porque aunque la demanda es mayor, también aumentará la provisión.

Esta es justamente la promesa de Dios para nosotros. Aunque lleguen momentos en los que las tribulaciones o los sufrimientos de la vida puedan aumentar, junto con ellos el consuelo de Dios también aumentará.

La gracia de Dios hace posible que venga sobre nosotros la consolación necesaria para sobrellevar el dolor.

Dios posee muchos atributos extraordinarios que el ser humano no tiene, como Su omnisciencia (todo lo sabe) o Su omnipotencia (todo lo puede), pero si hay un atributo que me parece particularmente reconfortante que mi Dios tenga es Su omnipresencia, es decir, Su cualidad de estar en todo lugar. Todas las personas que amamos pueden partir y su presencia ya no acompañarnos en esta tierra, pero mi Dios es omnipresente. Su presencia no partirá, sino que Él estará a mi lado, siempre PRESENTE. El Dios que nos consuela, cuya gracia nos sostiene en el dolor, está con nosotros en todo momento. Está presente en la tumba, el funeral, durante la noche oscura y las mañanas silenciosas, en el divorcio, la pérdida o la aparente soledad. Cuando todos se van, nuestro Dios omnipresente se queda y tiene el poder para consolarnos.

> «Bendito sea el Dios y Padre de nuestro Señor Jesucristo, Padre de misericordias y Dios de toda consolación, el cual **nos consuela en todas nuestras tribulaciones»**
> (2 Corintios 1:3-4, énfasis mío).

Hay dolores en la vida para los que pensamos que no habrá consuelo. Sin embargo, Dios nos promete que Él tiene un poder que ningún ser humano tendrá jamás para curarnos el corazón sin importar el tamaño o la gravedad de la herida.

En el Evangelio de Mateo, Jesús nos llama «afortunados»[a] si lloramos. Esto puede sonar paradójico, pero la razón por la que lo dice es porque tenemos a un consolador capaz de consolarnos en toda tribulación.

No me cabe la menor duda de que Dios estuvo con los familiares y la congregación del pastor fallecido para brindarles justo el consuelo que ellos necesitaban. El Padre Celestial sigue estando presente, el Buen Pastor sigue contigo. De eso se trata la gracia divina de la que hablaba aquel familiar. Un favor no merecido que viene a nuestra vida cuando el Dios que siempre está presente nos abraza, sostiene y consuela con un amor sin medida. Más allá del tipo de cisne negro que estés enfrentando, tú puedes tener la certeza de que el Dios consolador está a tu lado. Pídele y permítele que haga Su trabajo en tu vida. Él tiene el poder para llenar de luz el espacio sombrío. **Referencia bíblica:** [a] Mateo 5:4, pdt.

Dios te dará la medida de consuelo que necesitas para enfrentar el dolor.

Oración

Padre, como duele perder a quienes amamos. Te agradezco que después de que todos se van, aún te quedes y tengas el poder sanador para a través de Tu Espíritu llenarme del consuelo y la certeza de que estarás conmigo siempre para sostenerme. **Por Jesús.** Amén.

 ## Hábito de Vida

«Las 10 cartas»: Te invito a durante 10 días escribir una carta dirigida a la persona que ya no está contigo. Date la oportunidad de expresar todo el dolor, el coraje, la preocupación o cualquier otro sentimiento o pensamiento que te embargue. Con el transcurso de los días, podrá haber un cambio en lo que estás escribiendo, porque esta es una técnica de sanidad. Pídele al Espíritu Santo que use este ejercicio para traer consuelo y libertad a tu corazón, pero más que todo, para que puedas experimentar la presencia del Dios consolador en tu vida.

En la oscuridad, ¡Resplandecerás!

Notas Personales:

Día 3
Mi Defensa

*E*ra lunes en la mañana cuando Esteban recibió una citación del tribunal. Una persona lo acusaba de haber realizado un acto indebido en su trabajo. Él es un hombre recto y no había cometido la falta que se le imputaba. Nervioso y triste, llamó a su pastor y le contó lo que estaba sucediendo. Los meses pasaron, y el caso demoró tanto tiempo en resolverse en los tribunales que terminó afectando su salud física, mental y emocional.

¡Qué difícil es ser acusados injustamente y tener que cargar con el peso y la vergüenza que no merecemos! Hoy conoceremos lo que debemos hacer cuando el cisne negro de la injusticia amenaza con destruir nuestra alegría y nuestra paz.

Una Historia Verdadera

Ester 3—7
Un hombre justo llamado Mardoqueo vivía en Susa, la capital de Persia. Él era judío y no se postraba en adoración delante de ningún ser humano. Amán, uno de los altos funcionarios del reino, quería que lo reverenciaran, y al ver que Mardoqueo no lo hacía, le tomó mucha aversión. Era tanta la ira que sintió contra él y su pueblo, que determinó en su corazón destruirlos.

Lleno de maldad, conspiró y manipuló hasta lograr que el rey emitiera una orden para que fueran exterminados todos los judíos que vivían en su reino. Cuando el pueblo judío supo lo que este hombre perverso había conseguido, se vistieron de luto y llenos de dolor ayunaban y suplicaban a Dios para que salvara sus vidas.

El odio que Amán sentía por Mardoqueo era tan grande, que una noche al verlo les confesó a sus amigos que aunque él tenía mucha autoridad, riquezas y gozaba de la simpatía del rey, nada de eso le servía cuando veía a Mardoqueo. Deseaba tanto acabar con él de una vez y por todas que esa misma noche mandó a hacer una horca para colgarlo.

Mientras tanto, en el palacio, el rey perdió el sueño y pidió que leyeran el libro oficial en el que estaban escritos los sucesos más importantes del reino. Por providencia de Dios, una de las historias que le leyeron era sobre Mardoqueo. Resulta que, en una ocasión, unos hombres habían conspirado para matar al rey y Mardoqueo había denunciado la situación, logrando así proteger la vida del soberano. Al escuchar semejante hazaña, el rey preguntó sobre la recompensa que se le había dado a Mardoqueo por su heroísmo y lealtad.

Mientras el rey discutía este asunto, Amán llegó al palacio con el propósito de hablar con el rey para que colgaran lo antes posible a Mardoqueo. Antes de que pudiera hacer su pedido, el rey le preguntó a Amán cómo creía que se debía honrar a alguien que lo merecía. Amán pensó que se trataba de él, por lo que respondió con entusiasmo que esa persona debía ser vestida con ropas reales y la corona real, que debía cabalgar el caballo del rey mientras un príncipe lo paseaba por la plaza de la ciudad y se anunciaba su virtud. Entonces el rey le dijo a Amán:

«Date prisa, toma el vestido y el caballo, como tú has dicho, y hazlo así con el judío Mardoqueo, que se sienta a la puerta real; no omitas nada de todo lo que has dicho» (Ester 6:10).

Amán fue humillado al tener que honrar frente a todo el pueblo al hombre que tanto odiaba. Posteriormente, Amán participó en un banquete invitado por la reina Ester. Allí su macabro plan fue desenmascarado y la horca que había mandado a hacer con tanto odio para colgar a Mardoqueo fue usada esa misma noche para ejecutarlo a él.

«No temas, porque yo estoy contigo; no te desalientes, porque yo soy tu Dios. Te fortaleceré, ciertamente te ayudaré, sí, te sostendré con la diestra de **mi justicia**. He aquí, todos los que se enojan contra ti serán avergonzados y humillados; los que contienden contigo serán como nada y perecerán. Buscarás a los que riñen contigo, pero no los hallarás; serán como nada, como si no existieran, los que te hacen guerra»
(Isaías 41:10-12, lbla, énfasis mío).

¡Nuestro Dios está vivo y hace justicia! Dios conoce al que podría estar conspirando contra ti, Él conoce perfectamente la maldad del corazón humano y es justo como para darle a cada uno conforme a sus obras. Mis amados, tenemos que entender que pertenecemos a un Dios poderoso que no dejará impune ninguna de las injusticias que se cometen contra Sus hijos. Quienes desean el mal y conspiran para lastimar a los justos están construyendo su propia horca.

El daño que Aman quería para Mardoqueo, Dios lo tornó contra él. La honra que Aman quería para sí, Dios se la entregó a Mardoqueo.

PORQUE TU DIOS ES JUSTO.

Esteban, al igual que Mardoqueo, eligió confiar en Dios y su justicia. Aprendió a pelear cada día contra esos pensamientos que le recordaban el problema y lo hacían sentir como si estuviera abandonado a su suerte. Aprendió a abrazarse de forma intencional a la verdad de Dios que le prometía, «caerán a tu lado mil, y diez mil a tu diestra; más a ti no llegarán».[a] Aprendió a entregarle a Dios el dolor y a perdonar una y otra vez cada vez que recordaba el daño que habían querido hacerle. Dios no solo desea que disfrutes de Su justicia, sino que aprendas a confiar en Él aun antes de que la veas consumada, para que habiendo pasado todo, estés bien.

Hay personas que sufren tanto daño emocional y mental en los procesos de injusticia, que aunque al final todo se resuelva a su favor quedan mal heridos en su interior. Ese no es el plan de Dios para tu vida. Dios nos demanda por nuestro propio bien que confiemos en Él. Dios está obrando, aunque no lo percibas y tenga que pasar un tiempo antes de que tus ojos puedan ver lo que Él ha estado haciendo.

Al igual que los judíos del tiempo de Mardoqueo, podrías estar pasando por un tiempo de dolor, lágrimas y ayuno, pero tienes que saber que **el Dios a quién estás clamando te está escuchando**. Así como le quitó el sueño al rey e hizo que escuchara el libro de las memorias esa noche, debes saber que **Dios está despertando gente, haciendo Su voluntad de formas asombrosas y hasta misteriosas, porque Dios no desampara a Sus hijos**. Permanece en calma. Confía en Él. **Referencias bíblicas:** [a] Salmos 91:7 [b] Salmos 37:6-8, en p.33.

Entrega a Dios tu causa, guarda tu corazón y confía en Él.

Oración

Padre, Tú ves todas las cosas, para Ti no hay nada oculto. Tú escudriñas el corazón y las intenciones. Te pido que pueda estar siempre confiado, que como decía el salmista, exhibas mi justicia como la luz en medio de cualquier situación por difícil que parezca.[b] Ayúdame siempre a, como Mardoqueo, ser hallado justo y recto, que nunca haga nada que pueda dañar a otra persona, aun cuando esa persona haya querido lastimarme a mí, porque Tú eres el Dios de justos, no de injustos, y yo quiero siempre que Tú seas mi Dios. **Por Jesús.** Amén.

Hábito de Vida

Elige a una persona **madura** en quien confíes y con la que puedas hablar con regularidad sobre tus sentimientos y los desafíos que enfrentas. Si no tienes una persona así en tu entorno, entonces programa citas de seguimiento con un profesional de la salud o un líder espiritual. Lo que se reprime nos daña y enferma. No lo permitas. Ventila el dolor y la preocupación. Te hará mucho bien.

En la oscuridad, ¡Resplandecerás!

Notas Personales:

....
....
....
....
....
....
....
....
....
....
....
....
....
....
....
....
....
....
....
....
....
....
....

Día 4
El Infarto

*E*ra jueves en la noche mientras Raúl se alistaba para ir a la cama. Como siempre, aun cuando ya era tarde, decidió ir unos minutos al computador para atender cualquier correo electrónico que hubiera quedado del trabajo. Casi todas las noches, esos minutos se convertían en horas, por lo que realmente dormía muy poco. Hace unos meses su doctor le había advertido que debía disminuir su rutina de trabajo, descansar y ejercitarse más. Sin embargo, Raúl había decidido obviar el consejo y posponer para después esas recomendaciones. El viernes en la mañana, mientras se alistaba para ir a una reunión del trabajo, Raúl sintió un fuerte dolor en el pecho, seguido de náuseas y mareos. Su esposa llamó nerviosa a emergencias, pero camino al hospital tuvo un infarto.

Una Historia Verdadera

Daniel 4

Había en Babilonia un rey llamado Nabucodonosor. Una noche el rey tuvo un sueño que lo perturbó muchísimo. Angustiado, llamó a sus sabios para que interpretaran el sueño. Entre sus sabios había un hombre temeroso de Dios llamado Daniel, a quien Dios le reveló la interpretación.

El sueño significaba que la soberbia del rey había provocado que Dios decidiera humillarlo. Daniel le declaró la interpretación y le aconsejó al rey que cambiara de actitud para evitar que le aconteciera ese mal. Sin embargo, el rey hizo caso omiso del consejo. Un año después, Nabucodonosor, lleno de orgullo, declaró que todo lo que tenía había sido por su fuerza y para gloria de sí mismo. En aquel mismo momento, el rey perdió la cordura y toda noción de la realidad. Era tal el grado de su enajenación que la Biblia señala que se comportaba como un animal irracional.

Hay cisnes negros que pueden evitarse en la vida. Una de las características que acompañan a los cisnes negros es que cuando miramos con atención los acontecimientos previos a la crisis, nos percatamos de que hubo avisos a los que simplemente elegimos no prestarles atención. Así como Nabucodonosor, decidimos ignorar las advertencias. Como Raúl, podemos pasar por alto que no nos sentimos física o emocionalmente bien. No le damos importancia al cansancio o la irritabilidad que experimentamos con frecuencia. Ignoramos lo alejados que están nuestros hijos o nuestro cónyuge. Solo cuando llega la crisis es que decidimos aceptar que algo realmente estaba mal.

No esperes a que los cisnes negros lleguen a tu vida para tomar decisiones y actuar.

Nabucodonosor atravesó un largo período de crisis y luego fue restablecido como rey. Raúl pasó por una operación de corazón abierto y logró recuperarse. Ciertamente, las cosas pueden mejorar; sin embargo, ¿por qué no ser sabios y evitarnos tanto dolor?

Consideremos con atención este proverbio:

«El prudente ve el peligro y lo evita; el inexperto sigue adelante y sufre las consecuencias» (Proverbios 22:3, nvi) (La versión nbla finaliza diciendo: «reciben el daño»).

«Ve el peligro». Necesitamos estar atentos y detenernos para ver cuándo algo está mal. Tienes que observar cómo está tu salud, cómo te estás sintiendo emocionalmente, cómo están tu cónyuge, hijos y el resto de las personas que te rodean, cómo está tu congregación y aun la iglesia alrededor del mundo. Observemos con atención, no pasemos las señales y advertencias por alto, no las ignoremos, no las pospongamos, no subestimemos el daño que nuestro descuido pudiera acarrear.

Vivo en una isla tropical que ha experimentado huracanes potentes a lo largo de su historia. Es interesante ver el comportamiento de las personas cuando se anuncia un huracán. Hay quienes se han preparado con anticipación y, por ejemplo, tienen ventanas y puertas que soportan vientos fuertes, tienen un maletín de primeros auxilios y mantienen comidas no perecederas durante todo el año. Otros solo se preparan cuando se les anuncia que la presencia del huracán es inminente, mientras que un tercer grupo nunca se prepara, porque piensan que el huracán se desviará y nunca los tocará. Tristemente, esos dos últimos grupos son los que «reciben el daño». ¡Cuán importante es actuar!

«Evita el peligro». La segunda parte del verso hablar de evitar el peligro. Debemos hacer todo lo que sea necesario para cuidar todo lo que Dios nos ha dado. Distribuye bien tu tiempo para que, además de trabajar, puedas descansar, pasar tiempo con Dios y también entretenerte. Organízate para que consumas comidas saludables y dispongas de tiempo para ejercitarte.

Dedícale un tiempo de calidad a tu familia, especialmente a tu cónyuge e hijos. Comunícate con ellos. Enséñalos a alimentarse espiritualmente, reconociendo que la relación que desarrollamos con Dios es determinante para el rumbo de nuestra vida. No son las materias escolares las que les dan a nuestros hijos la sensatez que necesitan para tomar decisiones correctas o las herramientas para que en momentos de dolor puedan salir adelante, sino la sabiduría y la fe inquebrantable que surgen de nuestra relación con Dios y el conocimiento de Su Palabra.

Es importante la educación profesional, pero incluso nuestro desempeño en el ámbito laboral también es un fruto de nuestra capacidad emocional para manejar los desafíos de la vida; por eso, nutre a tus hijos con la Verdad que establece Dios sobre cómo tener vidas ordenadas y rectas. Asume el control de aquello a lo que se exponen en las redes sociales y otros medios, procurando canalizar la información que están recibiendo por todas partes. Por favor, supervisa a tus hijos e instrúyelos en la educación sexual desde pequeños, reconociendo que **las experiencias de abuso en la niñez pueden determinar el curso de sus vidas.**

Si hay un cisne negro cruel que puede aparecer en la vida es aquel que busca afectar a la familia. Por favor, cuídala con los *ojos bien abiertos*.

Nosotros, al igual que Raúl, podríamos **cometer el grave error de continuar con lo cotidiano de la vida e ignorar lo importante.** Como Nabucodonosor, también podríamos decidir no obedecer lo que Dios está haciendo evidente y nos está ordenando. Amados, el cisne negro no llega tan de repente, la realidad es que muchas veces su posible llegada se anuncia. Sé sabio y prudente, porque hay cisnes negros que podrás evitar.

No esperes a que los cisnes negros lleguen a tu vida para tomar decisiones y actuar.

Padre, anhelo ser una persona prudente en todos mis roles y cuidar con diligencia todo lo que me has dado. Ayúdame, Señor, a observar lo que Tú ves y dame las fuerzas y la sabiduría para actuar correctamente y con prontitud.
Por Jesús. Amén.

Hábito de Vida

Consume probióticos diariamente. La salud intestinal está íntimamente relacionada con nuestro estado anímico. Este sencillo hábito puede provocar cambios muy positivos en tu organismo.

Notas Personales:

....
....
....
....
....
....
....
....
....
....

Día 5
Tenía que Vivir lo que viví

Hace años leí una anécdota de un autor desconocido que encierra mucha sabiduría. Resulta que en un pueblo vivía un granjero con sus dos hijos. Ellos eran personas pobres y muy trabajadoras. Un día, el único caballo que tenían se les escapó y la gente del pueblo vino a decirle al granjero: «¡Qué mala suerte tiene usted, el único caballo que tenía se le escapó!». Sin embargo, en lugar de afirmar su mala suerte, el hombre contestó: «Tal vez sí, tal vez no».

A los pocos días, el caballo que se había escapado regresó a su amo con tres caballos más. La gente del pueblo, asombrada, le dijo al granjero: «¡Que buena suerte tiene usted!», a lo que el granjero nuevamente contestó: «Tal vez sí, tal vez no».

Al finalizar la semana, uno de sus hijos se cayó de uno de los caballos y se lastimó la pierna. Al ver las personas que el granjero se quedaría sin uno de sus únicos ayudantes, le dijeron: «¡Que mala suerte tiene usted!», a lo que el granjero otra vez contestó: «Tal vez sí, tal vez no». Mientras su hijo convalecía, vinieron del gobierno a buscar a todos los jóvenes, porque se desató una guerra y todos debían ir a defender a su patria. Sin embargo, como el hijo del granjero estaba lastimado, lo dejaron en casa. Cuando la gente vio que se llevaron a todos sus hijos menos al del granjero, fueron rápidamente a decirle: «¡Qué buena suerte tiene usted!». Ya te imaginas lo que el granjero replicó: «Tal vez sí, tal vez no».

Nuestra vida, al igual que la del granjero, está llena de un sinnúmero de sucesos que al momento pueden parecernos grandes cisnes negros. Sin embargo, al ver toda la historia, comprendemos que no necesariamente lo son. Hay momentos tristes que a veces son necesarios para que otros momentos buenos sucedan en nuestra vida. Hoy conoceremos la historia de un hombre que al igual que tú y yo enfrentó momentos difíciles. Su historia nos revelará una gran verdad que necesitamos comprender.

Una Historia Verdadera

Génesis 37—42

Había en la tierra de Canaán un padre que tenía doce hijos. Uno de los menores, llamado José, era el preferido de su padre. Este favoritismo levantó mucho resentimiento en el corazón de sus hermanos, por lo que decidieron deshacerse de él vendiéndolo como esclavo. José fue llevado a Egipto como siervo, pero Dios estaba con él y le daba gracia ante los hombres, por lo que fue establecido como mayordomo de la casa de Potifar, un hombre poderoso. Trabajando en ese lugar, la esposa de su amo intentó seducirlo. Sin embargo, José era recto y se rehusó a estar con ella. La mujer se resintió por el rechazo y lo acusó de querer abusar de ella, así que José fue a parar a la cárcel. Pasado el tiempo, el copero y el panadero del rey de Egipto fueron acusados por delitos graves y encarcelados en el mismo lugar donde se hallaba José. Estando allí, ambos hombres tuvieron sueños que José interpretó.

Dos años después, ya sirviendo nuevamente el copero en palacio, el faraón tuvo un sueño que lo inquietó y no podía interpretar. Entonces el copero le contó a faraón de su experiencia con José. Dios le reveló el significado del sueño a José y le dio sabiduría para aconsejar a faraón sobre la crisis que se acercaba. Viendo faraón la sabiduría de José y que Dios estaba con él, lo nombró como el segundo al mando. Dios usó de manera extraordinaria a José para salvar a todo un pueblo de la hambruna que vino años después. Él pudo entender que todo lo sufrido lo había llevado al lugar en el que tenía que estar para salvar la vida de millones de personas. Sabemos esto por lo que les declara a sus hermanos.

«Entonces dijo José a sus hermanos: Acercaos ahora a mí. Y ellos se acercaron. Y él dijo: Yo soy José vuestro hermano, el que vendisteis para Egipto. Ahora, pues, no os entristezcáis, ni os pese de haberme vendido acá; porque **para preservación de vida me envió Dios delante de vosotros** [...] Así, pues, no me enviasteis acá vosotros, sino Dios, que me ha puesto por padre de Faraón y por señor de toda su casa, y por gobernador en toda la tierra de Egipto» (Génesis 45:4-5, 8, énfasis mío).

¡Cuántas situaciones difíciles vivió José! Sin embargo, él entendió que por encima de los acontecimientos negativos de la vida, Dios tiene un plan.

Necesitamos confiar en que cuando el Dios justo permite que acontezcan cosas injustas, ese no es el final.

Dios usará cada suceso, por negativo que parezca, para algo realmente bueno y útil.

Posiblemente, nos preguntemos ante los sucesos tristes, ¿qué bueno puede salir de tanto dolor? La realidad es que desde el punto de vista humano podríamos decir que nada bueno. Los seres humanos tendemos a convertir el dolor en rebelión, nos endurecemos, dejamos de confiar en todos, nos volvemos egoístas y nos llenamos de desesperanza. Sin embargo, cuando permitimos que Dios gobierne nuestra vida, se establece una promesa:

«Y sabemos que para los que aman a Dios, todas las cosas cooperan para bien, *esto es*, para los que son llamados conforme a Su propósito» (Romanos 8:28, nbla).

Dios va a hacer algo. Si Dios tiene el poder para tomar un planeta vacío y en caos y convertirlo en uno ordenado y extremadamente hermoso; si tiene el poder para convertir a pecadores en hijos, a enfermos en sanados, y aun a atados en liberados, ¿cómo no va a poder tomar tu situación y transformarla en bendición?

Dios está contigo. Dios estaba con José cuando las cosas iban bien[a] y Dios estaba con José cuando las cosas iban mal.[b] Hay personas que piensan que Dios los abandona en el tiempo malo. No es así. En todos tus momentos, buenos o malos, no dudes de que Jehová está contigo.

Cuando tenía cuatro años, salía del hospital con mi mamá. Había estado muy enferma, y tras ser dada de alta aún me sentía muy débil. Mami me dejó parada en la puerta del auto mientras acomodaba los bultos. Sin embargo, yo me desplomé hacia atrás completamente sin fuerzas. Mi cabeza estaba a punto de golpearse a toda velocidad contra el cemento cuando de repente alguien me sostuvo y colocó suavemente mi cabeza en el suelo. Mi mamá observó asombrada el impresionante cambio de velocidad y yo le dije: «¿Viste al ángel?». Todavía de adulta recuerdo claramente ese suceso.

La enfermedad no fue buena, estar en el hospital menos, y para mi mamá no podía ser fácil cuidar a su hija pequeña sin un esposo que la apoyara. Sin embargo, Dios usó este suceso para revelarse en la vida de mi mamá y la mía, de modo que tuviéramos la certeza de que no estábamos solas. En medio de los momentos difíciles, Su presencia continúa. Él no solo sigue cuidando de nosotros, sino que también usa el dolor para formarnos.

> «Es mejor el llanto que la risa, porque **la tristeza tiende a pulirnos**» (Eclesiastés 7:3, ntv, énfasis mío).

¡Vaya! ¡Qué gran verdad! Cuando algo es pulido, la textura cambia de áspera a lisa, de opaca a brillante. Dios usa la tristeza a fin de transformarnos para bien. Lo importante es que demos lugar a la obra de Dios en nuestra vida y lo obedezcamos. Que cuando Dios nos diga: «Espera», esperemos; cuando diga: «Calla», callemos; cuando nos mande a hacer algo, lo hagamos, y que vivamos en integridad como José. Así es como damos lugar a Dios para que use el proceso. Dios nos va haciendo más sumisos, humildes, sensibles, efectivos, va formando el corazón y nos va edificando a Su imagen. Realmente Dios quiere usar los procesos difíciles para transformarnos en mejores personas.

Al igual que el granjero sabía que hay momentos que aparentan ser cisnes negros, pero no necesariamente lo son, José entendió que tenía que vivir lo que vivió para llegar a ser quien debía ser y estar donde debía estar. Los tiempos difíciles pueden ser parte de un proceso que es utilizado por Dios para cumplir Su Gran Plan. ¡Mantente firme!

Referencias bíblicas: [a] Génesis 39:21 [b] Génesis 40:23

Necesitamos confiar en que cuando el Dios justo permite que acontezcan cosas injustas, ese no es el final.

Oración

Padre, gracias porque no hay proceso por difícil que sea en el que Tú no estés conmigo. Confío en que tienes el poder para usar todo lo que me suceda con el fin de cumplir Tu plan en mi vida. **Por Jesús. Amén.**

Hábito de Vida

Cada vez que venga a tu mente algún pensamiento que te traiga preocupación, preséntaselo a Dios en oración. En lugar de gastar horas preocupado, invertirás horas orando.

Notas Personales:

....
....
....
....
....
....
....
....
....
....
....

Mi tiempo

Esta pasada semana pudimos comprender que Dios nos da la porción que necesitamos ante cada desafío de la vida. Por ejemplo, si sufrimos, Él nos dará justo el consuelo que se requiere para sobrellevar esa medida de dolor. La balanza que ves en la gráfica representa que Dios te está dando justo la medida que necesitas para enfrentar lo que estás viviendo. Colorea solo el recuadro que describa tu necesidad actual y la contraparte como una declaración de fe, afirmando que crees firmemente que Dios te dará lo necesario para, a pesar de lo que estás viviendo... ¡RESPLANDECER!

Resplandecerás!

Notas Personales:

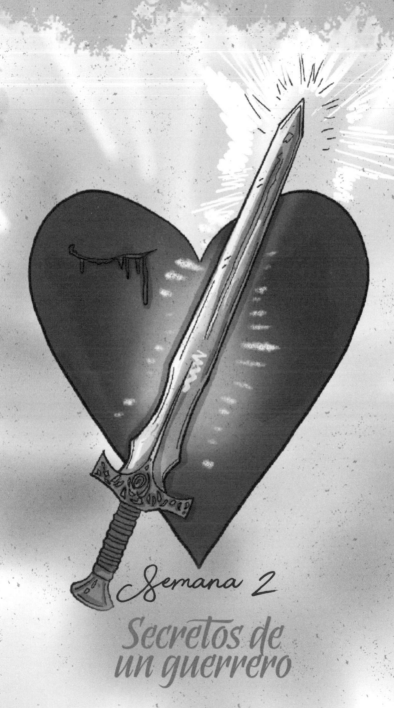

Semana 2

Secretos de
un guerrero

Introducción

¿Alguna vez has tenido pensamientos como: «*Estas cosas me su-ceden solo a mí*», «*Todo el mundo es feliz menos yo*», «*A mí siempre me pasan cosas malas*», «*Todo el mundo puede y yo no*»?

Sin lugar a dudas, la vida no es perfecta y todos hemos experimentado cosas que nos han lastimado o entristecido. La pregunta es: ¿puedo ser feliz a pesar de lo que no tengo o lo que he vivido?

Esta segunda semana conoceremos la historia de un hombre que vivió la mayoría de los infortunios que se pueden experimentar en la vida; a decir verdad, nunca he escuchado una historia igual. Sin embargo, a pesar de todo lo vivido y todo lo perdido, fue feliz y cumplió su propósito.

Anhelo que al estudiar la vida y los secretos de este guerrero, sin importar lo que esté sucediendo en tu vida o lo que hayas atravesado, puedas adquirir las herramientas que necesitas para, como él, superar lo vivido y cumplir tu propósito.

Día 1
¿El Subestimado?

*U*na dama toma la palabra en medio de la reunión y declara con un tono de desesperanza: «El favorito de mi papá era mi hermano; la favorita de mi mamá era mi hermana. Yo nunca fui la favorita de nadie. En la escuela siempre se burlaron de mí por mi apariencia, y mi esposo me dejó por otra mujer».

¡Si algo trae tristeza a nuestra vida es ser subestimados o rechazados por las personas que son importantes para nosotros! Ese dolor puede ir lacerando profundamente la forma en la que nos percibimos y tiene un gran impacto sobre las decisiones que tomamos en el transcurso de la vida.

El hombre del que hablaremos esta semana no fue ajeno a estos sentimientos de rechazo y subestimación. Por el contrario, esta fue una de las grandes batallas que vez tras vez tuvo que enfrentar. Hoy descubriremos cómo logró hacerlo y, a pesar del menosprecio de muchos... ¡RESPLANDECER!

Una Historia Verdadera

1 Samuel 16—17
Esta es la interesante historia de un hombre que sería elegido para ser el próximo rey de Israel. ¿Quién será el escogido?

El juez y sacerdote Samuel es la persona designada por Dios para ungir al próximo rey de Israel. Samuel llega a Belén y le pide a un hombre llamado Isaí que le presente a sus hijos.

Él no sabía la intención del profeta, pero Samuel los iba a considerar para el gran puesto. El padre mandó a llamar a todos, excepto al menor. Samuel observa con atención a cada uno, pero ninguno es el elegido de Dios. Entonces, le pregunta a Isaí si falta alguno de sus hijos. El padre le responde que **no había llamado a uno que cuidaba a las ovejas.** Samuel le advierte que no se sentarán a la mesa mientras no venga ese hijo. Cuando entra el hijo menor, llamado David, Dios le dice a Samuel: «Levántate y úngelo, porque este es» (1 Samuel 16:12). Ese mismo día, **el pastorcito a quien su padre no consideró** fue ungido para ser el futuro rey de Israel.

Pasado el tiempo, el ejército de los filisteos se levantó contra el pueblo de Dios. Los hermanos mayores de David se enlistaron en el ejército del rey Saúl y partieron al frente de batalla. Cierto día, Isaí envió a David para llevarles comida a sus hermanos. Al llegar al campamento, David escuchó a uno de los guerreros del ejército enemigo amenazar al pueblo de Dios. El hombre era gigante en estatura y un experto en batalla, su nombre era Goliat.

Cuando David escuchó al gigante desafiar al ejército de Jehová, de inmediato preguntó qué recompensa tendría quien peleara contra Goliat. Su hermano Eliab lo oyó e inmediatamente **lo acusó** diciendo: **«Yo conozco tu soberbia y la malicia de tu corazón, que para ver la batalla has venido»** (1 Samuel 17:28, énfasis mío). David le respondió a su hermano que él no había hecho nada malo, y se dirigió al rey Saúl para expresarle su deseo de enfrentarse al gigante. Cuando el rey escuchó que David quería enfrentarse a Goliat, lo subestimó diciéndole: **«No podrás** ir contra aquel filisteo, para pelear con él; porque **tú eres muchacho**, y él un hombre de guerra desde su juventud» (1 Samuel 17:33, énfasis mío). Al escuchar David las palabras del rey Saúl, decidió contarle sobre cómo Dios lo había cuidado frente a grandes depredadores que vinieron a lastimar a su rebaño. Él le dice con confianza: «Jehová, que me ha librado de las garras del león y de las garras del oso, él también me librará de la mano de este filisteo» (1 Samuel 17:37).

Entonces, Saúl autorizó a David a presentarse ante el gigante. Al ver Goliat a David tan joven, **lo tuvo en poco y maldiciéndole le dijo que lo mataría**, pero David respondió: «Tú vienes a mí con espada y lanza y jabalina; mas yo vengo a ti en el nombre de Jehová de los ejércitos [...] Jehová te entregará hoy en mi mano, y yo te venceré» (1 Samuel 17:45-46). David tomó una piedra y lanzándola al gigante con su honda lo derribó y finalmente lo venció.

¡Cuántos menospreciaron y hasta juzgaron injustamente a David! Ante la pregunta: «¿Cuál fue su primer gran enemigo?», seguramente hubiéramos contestado sin dudarlo: «Goliat». Sin embargo, al leer su historia desde el inicio, nos percatamos de que hubo otros grandes enemigos antes que el gigante. Son los mismos con los que tú y yo seguramente nos hemos tenido que enfrentar en algún momento. Son los que gritan:

¡Tú no eres suficiente!
¡Existen otros mejores que tú!
¡Tus intenciones no son buenas!
¡Tú no puedes!

De hecho, considerando todos los mensajes que David había recibido en el camino, creo que fácilmente hubiera podido ser recordado como «El Menospreciado», «El Olvidado», «El Interesado» o «El Descalificado».

Sin embargo, nuestro guerrero nos muestra un arma poderosa que transforma su historia. David conoce bien quién es él para Dios, se acuerda de las palabras que fueron dichas con respecto a él. El Señor le dijo a Samuel: «Levántate y úngelo, porque este es» (1 Samuel 16:12).

> **David sabe que para Dios no es el menospreciado, sino «el Ungido». Sabe que ante Dios no es el descalificado, sino «el Escogido». Y no solo lo sabe, lo CREE.**

Cuando tú y yo creemos lo que Dios dice de nosotros, quiénes dice que somos, y ponemos las palabras de Dios por sobre cualquier otra voz o nombre que nos haya querido imponer el mundo, estamos listos para ganar la guerra y brillar en medio de cualquier oscuridad.

La historia de nuestro valiente guerrero no comienza con aplausos ni con palabras de afirmación, sino que como la mujer de la que les hablé al principio, David no era el preferido de nadie, así como quizás nosotros tampoco lo hemos sido. ¿Finalizará la historia de esa mujer como la de David? ¿Cómo finalizará la tuya? ¿Brillaremos a pesar del menosprecio, la burla o la opinión de otros?

Dios te ha creado y estás lleno de valor. Él puede hacer grandes obras a través de ti, pero tienes que escucharlo con atención y estar dispuesto a creerle. Tienes que estar decidido a creer en Sus palabras más que en cualquier otra cosa que te hayan dicho. Tienes que estar dispuesto a renunciar cada día a cualquier otra voz que vaya en contra de lo que Dios ha establecido para ti. Tienes que luchar. Esta historia es una de guerra, y así también es la nuestra. Siempre habrá voces que se levanten contra nosotros y en ocasiones hasta podrá ser nuestra propia voz. A cada una de ellas hay que sujetarlas a Cristo y Su Palabra para ganar esta batalla. Cree y declara tu verdadera identidad en Dios. Nuestro verdadero nombre es: **soy Ungido, soy Elegido, soy Cuidado, soy Amado.**

Soy Ungido, soy Elegido, soy Cuidado, soy Amado.

Oración

¡Cuán agradecido estoy, Señor, porque sobre la opinión de cualquier persona está Tu voz recordándome que soy escogido, soy amado, y en ti soy capaz. Gracias por pensar en crearme, darme vida y propósito. Padre, hoy me comprometo a ser como David, creerle a Tu voz por sobre cualquier otra voz.
Por Jesús. Amén.

Hábito de Vida

Escanea tu mente. Identifica aquellos pensamientos que te han estado limitando y contrarréstalos con la verdad de Dios. Por ejemplo, si ante una situación piensas: No voy a poder lograrlo, contrarréstalo con: «Todo lo puedo en Cristo que me fortalece» (Filipenses 4:13). Cree todo lo que Dios dice de ti.

¡Resplandecerás!

Notas Personales:

Día 2
Guardando el Corazón

*D*esde muy pequeña me ha gustado escribir. Durante las vacaciones en familia solía llevarme una libreta con el fin de anotar todas las experiencias graciosas que nos sucedían para luego narrarlas mientras nos reíamos juntos. En la escuela siempre tenía mi libreta de poemas lista para cuando me sentía inspirada. Escribir me ha servido mucho, porque voy conociendo mi corazón mientras expreso por escrito lo que siento. Hace algunos años escribí una nota muy personal que quiero compartir contigo:

> *«No me resulta fácil creer en las personas como antes. Ya una ceja se levanta con cierto grado de incredulidad, y no dejo entrar a casi nadie. La bondad no fluye como antes, que como un río descendía alegre, sin preguntas y sin detenerse. Fui muy herida. Las experiencias de dolor, como una gota constante sobre una piedra, van poco a poco cambiando la forma en la que opera el corazón».*

Cuando escribí estas palabras, me di cuenta de que mi corazón estaba cambiando, y no me parecía que fuera para parecerse más al de Dios. Descubrí que estaba realmente triste y lastimada. Al pasar por esta experiencia, oré y el Espíritu Santo me guio a estudiar a David para arrancar aquello que estaba dañando mi corazón.

Una Historia Verdadera

I Samuel 18—24

Luego de la gran victoria sobre el gigante Goliat, David se ganó la admiración, el respeto y el cariño del pueblo. Sin embargo, esa respuesta de Israel provocó la envidia del rey Saúl. El rey se llenó de celos y envió a su ejército a perseguir y matar a David. Fueron muchos los años de dolor en los que David tuvo que mantenerse escondido para que no acabaran con su vida. ¡Cuán difícil debió ser para este hombre justo tener que vivir huyendo de su propia gente por la envidia de otros!

No obstante, de forma extraordinaria, David no permitió que la maldad anidara en su corazón. De hecho, tuvo un par de ocasiones en las que pudo matar al rey, pero no lo hizo.

Cierto día, Saúl llegó a una cueva sin saber que David y sus hombres estaban escondidos allí. Los hombres de David le dijeron que seguramente Jehová había entregado a Saúl en su mano. De seguro pensaron: *¡Qué buena oportunidad para poder vengarse!*

No sé si te ha sucedido, pero a veces, debido a las vueltas que da la vida, de repente tienes la oportunidad de poder devolverles el mal a los que te dañaron. Sin duda, esta debió ser una gran tentación para David.

David sigilosamente se acercó y cortó un pedazo del manto de Saúl sin que se diera cuenta. Sin embargo, solo el hecho de hacer este acto mínimo turbó su corazón y declaró: «Jehová me guarde de hacer tal cosa contra mi señor, el ungido de Jehová, que yo extienda mi mano contra él» (1 Samuel 24:6).

¡Qué increíble! ¡Sentirse mal por no querer lastimar a quien lo había hecho sufrir por tantos años! David guardó su corazón al punto de que el día en que Saúl murió, él lo lloró sinceramente. ¡Todo esto impresiona! Creo que cuando al fin le pasan cosas malas al que nos ha hecho sufrir mucho, lo natural sería que haya cierto alivio y hasta pensemos que Dios hizo justicia. Sin embargo, el corazón de David no era así.

Quiero invitarte a retroceder en el tiempo, porque hay un dato importante que necesitamos conocer. Cuando muchos años antes Samuel ungió a David, Dios le dijo al sacerdote que el nuevo rey que establecería en lugar de Saúl sería «un varón conforme a su corazón» (1 Samuel 13:14).

David era un hombre imperfecto que cometió muchos errores en el transcurso de su vida. ¿Qué quiso decir Dios con que David era «conforme a su corazón»? Esto es lo que dice la Biblia del corazón de Dios:

> «¿Qué Dios hay como tú, que perdone la maldad y pase por alto el delito del remanente de su pueblo? No siempre estarás airado, porque tu mayor placer es amar» (Miqueas 7:18, nvi).

¡Cuán hermoso es el corazón de Dios! Él no solo es capaz de perdonar los pequeños errores, sino aquellos que hemos hecho con maldad. Pasa por alto no solo las simples equivocaciones, sino también aquellas acciones que por ser tan malas merecen ser castigadas. Puede airarse a consecuencia de la maldad, pero no será para siempre, porque Su mayor placer es amarnos. ¡Qué corazón tan bondadoso y tierno!

Teniendo presente el corazón de Dios, repasemos el proceder de David. Él le perdona la vida a quien lo ha perseguido sin cansancio para matarlo, se siente mal al pensar en lastimar al que durante años le ha provocado tanto dolor, pasa por alto el agravio que definitivamente merecería ser castigado. Dime amado lector, ¿el corazón de David no está actuando conforme al corazón de Dios? Definitivamente así es.

Cuando Dios está presente en nuestra vida, así como estuvo en la de David, Él nos hace saber lo que le agrada y lo que le desagrada, lo que está bien y lo que está mal. Es posible que si estamos heridos nuestra alma grite: «*¡Venganza!*», nuestra mente afirme: «*¡Hazte justicia!*», y nuestra humanidad no dude en concluir: «*¡Ese merece sufrir!*». Pero más allá de nuestras voces interiores, ¿qué dice Dios? Él nos enseña: perdona como yo te he perdonado,[a] guarda tu corazón por sobre todas las cosas,[b] no te vengues tú, sino que deja ese asunto en mis manos.[c] Por sobre cualquier otra voz (nuestra o ajena), obedezcamos a Dios, como lo hizo David.

Los días del reinado de Saúl terminaron de forma dramática y violenta, pero no por mano de David, sino por el Señor.

David fue nombrado rey, pero su mayor victoria no fue reinar sobre otros, sino guardar su propio corazón.

Luego de estudiar la historia de David con detenimiento, le presenté mi nota a Dios y le rogué que me ayudara a guardar mi corazón. La obra de Dios en mi corazón ha hecho que convierta el perdonar en un acto recurrente en mi vida. Cada vez que recibo algún daño, aunque mi mente y mi alma me griten «¡Venganza!», permanezco sensible a la voz del Espíritu que me recuerda el hermoso corazón que Dios tiene para mí y le pido que me ayude a imitarlo. Si pienso decir o hacer algo incorrecto, el Espíritu Santo me hace ver mi error y, al igual que David, retrocedo y obedezco, porque estoy decidida a ganar esta batalla que va tras lo que soy. **Podría ganar muchas cosas en la vida, pero si pierdo mi corazón, lo he perdido todo.** Si hay una batalla que tenemos que pelear y ganar, es la de guardar el corazón; si perdemos esa, hemos perdido la vida misma.

«Por sobre todas las cosas cuida tu corazón,
porque de él mana la vida»
(Proverbios 4:23, nvi).

Referencias Bíblicas: [a] Efesios 4:32 [b] Proverbios 4:23 [c] Romanos 12:19

Hay muchas decisiones que no están en nuestras manos, pero mi amado lector, guardar el corazón no es una de ellas.

Oración

Padre, te presento mi corazón. Lo entrego a Ti y te pido que seas Tú quien lo guardes, para que a pesar de lo que pueda enfrentar en la vida, continúe sano y limpio. Ayúdame a agradarte, a perdonar y honrar quién eres con mi propia vida.
Por Jesús. Amén.

Hábito de Vida:

Cuando enfrentes una situación difícil, en lugar de reaccionar ve a un lugar tranquilo, si es posible coloca música suave y has respiraciones diafragmáticas. Practica la regla del 3/9/5: inhala durante tres segundos, retén el aire durante nueve segundos y exhala lentamente durante cinco segundos. Este ejercicio te ayudará a oxigenarte y relajarte para poder enfrentar las situaciones con sabiduría y quietud.

Notas Personales:

Día 3
Haré Memoria

*H*ace unos años atrás, mi isla fue azotada por un huracán tan fuerte que no solo afectó la naturaleza, sino que tuvo un efecto destructor sobre casas y edificios.

Al día siguiente del huracán, recuerdo que fuimos a ver las facilidades donde se encuentra nuestro templo. Además del lugar de reunión, tenemos también una academia donde se educan cientos de estudiantes. Algunos de esos edificios eran de madera, por lo que sabíamos que podían estar destruidos por completo. En efecto, solo había escombros cuando llegamos al lugar.

Uno de los estudiantes que había ido a ayudar se me acercó muy triste y me preguntó si había llorado al ver la academia destruida.

«¿Quieres escuchar una historia?», le respondí. «Hace muchos años, en este lugar no había absolutamente nada, solo una casa de madera en ruinas. No teníamos dinero, ni recursos para construir, pero teníamos un mandato y una promesa de Dios. El Señor nos había enviado a este lugar a abrir una obra para que muchas personas fueran sanadas, educadas y conocieran Su amor. Él nos hizo la promesa de que estaría con nosotros y nos proveería lo necesario para cumplir con aquella misión. Por eso comenzamos a limpiar y arreglar un lugar destruido hasta convertirlo en el hermoso lugar que conocías». El chico me miraba atentamente. «Contestando tu pregunta, hoy cuando miré este lugar lleno de escombros le dije a Dios: "Padre, seguramente decidiste que quieres edificios nuevos en este lugar"».

Para mí no fue fácil ver el lugar que tanto amo destruido, pero cuando hemos sido testigos de la fidelidad de Dios en el pasado, es más sencillo sobrellevar el presente confiando una vez más en Su fidelidad.

CA

Una Historia Verdadera

«Jehová es mi luz y mi salvación; ¿de quién temeré? Jehová es la fortaleza de mi vida; ¿de quién he de atemorizarme? Cuando se juntaron contra mí los malignos, mis angustiadores y mis enemigos, para comer mis carnes, ellos tropezaron y cayeron. Aunque un ejército acampe contra mí, no temerá mi corazón; aunque contra mí se levante guerra, yo estaré confiado» (Salmos 27:1-3).

¡Qué reveladoras son estas palabras! Si alguien ha conocido «malignos, angustiadores y enemigos» es David, pero cuando se trata de recordar el pasado, él no solo recuerda lo malo, las traiciones y las heridas, sino que **si va a darle espacio al pasado en su memoria, será para recordar lo fiel que ha sido Dios en medio de todas sus circunstancias.**

Nosotros los seres humanos podemos ser propensos a tener el pasado muy presente. Recordar se puede convertir en una experiencia negativa, porque podemos cometer el error de solo enfatizar lo malo que nos ha sucedido. Sin embargo, Dios nos enseña a través de la vida de David que podemos tratar los recuerdos y la memoria de una manera muy distinta a la propensión humana. No podemos borrar nuestros recuerdos, pero si haces memoria de los malignos, angustiadores o enemigos que se han levantado contra ti, hazlo únicamente para recordar finalmente la fidelidad de Dios.

¿Recuerdas cómo Dios ha estado contigo en medio de la enfermedad, cómo en medio del dolor te ha sostenido, cómo en medio de las circunstancias difíciles ha obrado, cómo en medio de la escasez ha provisto?

El amor comprometido de Dios NO debe ser olvidado.

Una mirada más atenta al salmo nos permite darnos cuenta de que David comienza hablando del pasado y luego se traslada al presente y el futuro. David empieza hablando de lo que sucedió en el pasado y luego afirma:

> «Si un ejército acampa **[presente]** contra mí,
> No temerá **[futuro]** mi corazón;
> Si contra mí se levanta guerra **[presente]**,
> A pesar de ello, yo estaré confiado **[futuro]**»
> (Salmos 27:3, nbla **[énfasis mío]**).

¿Qué está haciendo David? Él está reconociendo que si en el pasado Dios ha sido fiel, entonces puede confiar en que en el presente y el futuro también lo será.

¡Eso es justamente lo que puse en práctica aquel día que fuimos a ver nuestra academia luego del huracán! Decidí recordar la fidelidad de Dios en el pasado. Hacer esto me llenó de esperanza y fe para enfrentar las dificultades del presente. «Jesucristo es el mismo ayer y hoy y por los siglos» (Hebreos 13:8, nbla). Dios no cambia, por lo que la fidelidad de Dios que hemos visto en el pasado la continuaremos disfrutando por siempre sin importar nuestras circunstancias.

**Recordar la fidelidad de Dios en el pasado
nos sostiene para enfrentar el presente
y nos da esperanza frente a un futuro desconocido.**

Semanas después de la conversación con el estudiante, recibimos una llamada telefónica de unos amigos misioneros. Un filántropo cristiano los había contactado para saber si conocían de escuelas cristianas que hubieran sufrido daños tras el huracán en Puerto Rico. Ese hombre y su equipo visitaron las instalaciones y proveyeron el dinero suficiente para su reconstrucción. Recientemente inauguramos de forma oficial los nuevos edificios de la academia ¡El lugar es simplemente espectacular! Todos los edificios son nuevos y de cemento. Ahora los estudiantes también tienen una enorme cancha bajo techo para ellos y la comunidad. No les puedo explicar la alegría que siente mi corazón al ver nuevamente la fidelidad de Dios.

¡DIOS LO PUEDE HACER OTRA VEZ!

La pandemia llegó trayendo un nuevo tipo de destrucción y muchos desafíos nuevos. ¿Qué piensas que deberíamos hacer? ¡Recordar cómo Dios reconstruyó nuestra academia! DIOS ES FIEL, y eso nunca, nunca, nunca lo olvidaré.

Si das espacio al pasado en tu memoria, que sea para recordar la fidelidad de Dios.

Oración

Padre, te pido perdón, pues al recordar el pasado muchas veces me enfoco en lo malo que viví en lugar de centrarme en Tu fidelidad conmigo. Gracias por estar en cada momento de mi vida para sostenerme y cuidar de mí. Te amo.
Por Jesús. Amén.

Hábito de Vida:

Cuando algo negativo te suceda o te sientas preocupado, habla en menos de setenta y dos horas con un profesional o amigo sabio con el que puedas ventilar tu preocupación y que te ayude a canalizar correctamente lo que estás viviendo. Los sucesos que no se canalizan rápidamente se pueden convertir en traumas, así que trabajemos en el asunto con rapidez.

Notas Personales:

....

....

....

....

....

....

....

....

....

....

....

....

....

....

....

Día 4
Hazlo tu Escondite

*E*lla se hallaba en su cita de seguimiento para continuar monitoreando su embarazo, cuando el médico le dio la difícil noticia. El corazón del bebé había dejado de latir, por lo que estaba llevando a su hijo sin vida en su vientre. Darlene Zschech relata en su libro Adoración sin reservas la experiencia que vivió camino a casa después de recibir esa terrible noticia. En medio de ese momento difícil y oscuro, comenzó a adorar a Dios, entonando alabanzas. Cuando llegó a la casa, algo sorprendente había pasado en el mundo espiritual. Aunque su corazón estaba quebrantado, su espíritu se había fortalecido.

La adoración transforma la manera en la que procesamos y enfrentamos los momentos difíciles de la vida. La adoración fue una de las poderosas armas que utilizó el guerrero David. Hoy tú y yo aprenderemos a usarla también.

Una Historia Verdadera

¡David enfrentó muchos momentos de dolor en el transcurso de su vida! Una de las cosas que más me impactan es lo que tuvo que vivir en su rol como padre. David vivió la dolorosa pérdida de un hijo que murió al nacer.[a] Enfrentó la tragedia de saber que uno de sus hijos, llamado Amnón, abusó sexualmente de su hermana;[b] por lo tanto, tuvo que vivir el dolor de ser el padre de un agresor, pero también

sufrir la desdicha de su hija. Experimentó además la traición de otro de sus hijos, Absalón, quien se rebeló contra él
y quiso quitarle el trono.[c] En el transcurso de cada una de
estas historias es notorio que David cometió errores en el
proceso, pero más allá de la culpa o los desaciertos quisiera
enfocarme en su dolor.

¿Cómo sobrellevaba David la vida enfrentando tantas situaciones
difíciles, tanto en el plano personal como laboral? Hoy quiero compartir algunos versos que nos revelan mucho de la estrategia que
él utilizaba.

«Oh Jehová, cuánto se han multiplicado mis adversarios!
Muchos son los que se levantan contra mí.
2 Muchos son los que dicen de mí:
No hay para él salvación en Dios. Selah
3 Mas tú, Jehová, eres escudo alrededor de mí;
Mi gloria, y el que levanta mi cabeza.
4 Con mi voz clamé a Jehová,
Y él me respondió desde su monte santo. Selah
5 Yo me acosté y dormí, Y desperté,
porque Jehová me sustentaba.
6 No temeré a diez millares de gente,
Que pusieren sitio contra mí.»
(Salmos 3:1-6).

Notemos con atención los primeros dos versos, en ellos David
está totalmente enfocado en su situación. Seguramente cuando

tú y yo nos presentamos ante Dios, lo primero que hacemos es desahogarnos y derramar todas nuestras peticiones y pensamientos ante Él. Eso está bien. Es necesario dejar salir todo aquello que está guardado en nuestro corazón, porque Él es nuestro Guardador y quién mejor que Dios para hacerse cargo de nosotros. Sin embargo, nuestro tiempo con Dios no puede tratarse únicamente de expresarle nuestro dolor o circunstancias. Es importante enfocarnos también en quién es Él y adorarlo.

Cuando entramos en Su presencia, debemos enfocarnos en Su Persona y destacar Sus cualidades: Su amor perfecto, Su fidelidad con nosotros, Su justicia, Su santidad, así como Sus extraordinarios atributos naturales de estar en todo lugar y tener todo el poder.

En estos versos nos encontramos con la palabra «*selah*», que era usada para indicar un intermedio donde el músico se quedaba en silencio y se enfocaba en adorar a Dios con su instrumento.

David sabía entrar a la Presencia de Dios en adoración. Es extraordinario observar cómo durante ese intermedio la mirada de David es reenfocada, y en los siguientes versos deja de hablar de su situación y comienza a hablar de quién es Dios en su vida.

Observa sus palabras después del primer *selah*: «eres un escudo que me rodea», «el que sostiene mi cabeza en lo alto», eres el Dios que me responde cuando clamo, me acuesto en las noches y despierto porque Tú me cuidas. Justo como Darlene, quien tras adorar a Dios con todo su corazón pudo redirigir su mirada del dolor de la muerte al Dios de la vida, David también pudo pasar de su condición de tristeza e inquietud a enfocarse en la grandeza del Dios que lo acompañaba.

¡¡Es poderoso lo que sucede en los hijos de Dios cuando decidimos adorar al Padre en medio de cualquier situación por más difícil que parezca! Nuestro corazón es reenfocado, nuestra alma es confortada, nuestro espíritu es fortalecido y, aunque las circunstancias no cambien, todo en nuestro interior sí se transforma.

Cuando tú y yo adoramos a Dios en medio de nuestra necesidad, traemos el reino de Dios a nuestras vidas. Permitimos que lo sobrenatural de Dios intervenga a nuestro favor. La sobrenaturalidad de Dios hace posible que un padre que ha perdido a su hijo encuentre consuelo. La sobrenaturalidad de Dios hace posible que alguien que ha sufrido mucho recobre la esperanza y se levante del dolor. A veces pensamos que la sobrenaturalidad de Dios se manifiesta solo en la sanidad o la resurrección, pero también se revela en una actitud nueva, llena de esperanza, fortaleza y seguridad.

A David no lo habían dejado de perseguir cuando finalizó los versos de este salmo; sin embargo, terminó diciendo: «No tengo miedo a los diez mil que me rodean por todas partes». Las circunstancias de Darlene tampoco habían cambiado desde que entró al carro hasta que llegó a su casa. No obstante, tanto ella como David experimentaron cómo la adoración a Dios es capaz de cambiar nuestro enfoque y nuestro corazón. Tú y yo podemos hacer lo mismo hoy, entremos a la presencia de Dios, alcemos nuestras manos, enfoquémonos en quién es Él más que en nuestra necesidad, sabiendo que Su Espíritu hará lo que tenga que hacer en nuestro interior. Adoremos.

Referencias Bíblicas: [a] 2 Samuel 12:19 [b] 2 Samuel 13:14 [c] 2 Samuel 15: 1-12

La adoración provoca que venga a nosotros Su Reino.

Oración:

Padre, no te puedo decir que no me cuesta pensar en lo que me preocupa, pero desde hoy no permitiré que mis circunstancias me impidan adorarte. Como David, me enfocaré en quién eres más que en quién soy, más en Tu belleza y carácter que en todo lo demás que pueda acontecerme. Venga a nosotros Tu Reino.

Por Jesús. Amén

Hábito de Vida:

Separa diariamente por lo menos veinte minutos para caminar en contacto con la naturaleza. Date la oportunidad de ir mirando lo que te rodea, oliendo el campo, sintiendo la brisa del aire. Disciplínate en lo que respecta a observar lo que ves, atender lo que escuchas, disfrutar lo que vives.

Notas Personales:

....

....

....

....

....

....

....

....

....

....

....

....

....

....

....

....

....

....

Día 5
El Dios
que Irrumpe

Íngrid Betancourt Pulecio, una política colombiana, se dirigía a lo que debía ser una conversación para lograr la paz entre las guerrillas de la Fuerzas Armadas Revolucionarias de Colombia (FARC) y el gobierno. Sin embargo, el encuentro no resultó ser lo que ella esperaba. La guerrilla secuestró a Íngrid y durante años fue sometida a terribles maltratos. De ser una mujer que se proyectaba fuerte y en control, pasó a convertirse en una persona totalmente demacrada, muda y sombría. En una carta que le escribió a su madre le expresaba que, aunque estaba viva, se sentía muerta.[1]

Aunque lo más probable es que nunca experimentaremos la terrible experiencia de un secuestro, sí podemos entender lo que es pasar por tiempos muy difíciles. Al igual que Íngrid, es muy posible que sepamos lo que es sentirnos extenuados, como muertos en vida, sin esperanza y pensando que las cosas no mejorarán.

Sin embargo, para sorpresa nuestra, la vida sí puede dar un gran giro. Este fue el caso de Íngrid, quien el 2 de julio de 2008 experimentó lo inesperado. Ese día las Fuerzas Armadas irrumpieron donde estaba secuestrada y la liberaron. ¡Después de más de seis años de dolor, al fin vio la luz de la libertad!

¡Qué maravilloso es cuando quien tiene poder irrumpe para salvarnos! Hoy conoceremos esa extraordinaria faceta del carácter de Dios.

....

1. Biografía de Íngrid Betancourt (biografiasyvidas.com).

Una Historia Verdadera

Después de todo lo que ha vivido nuestro valiente guerrero, al fin es establecido como rey de Israel. Sin embargo, la calma no duraría mucho tiempo, porque David tenía enemigos que querían acabar con él.

«Entonces David le preguntó al Señor:

—¿Debo salir a pelear contra los filisteos? ¿Los entregarás en mis manos?

El Señor le contestó a David:

—Sí, adelante. Te aseguro que te los entregaré.

Entonces David fue a Baal-perazim y allí derrotó a los filisteos [...] Pero poco tiempo después, los filisteos volvieron y de nuevo se desplegaron en el valle de Refaim. De nuevo David le preguntó al Señor qué debía hacer»

(2 Samuel 5:19-20, 22-23, ntv).

Ante cada desafío y decisión, David acudía una y otra vez a Dios para consultarlo y pedir Su guía. Permíteme hacer un alto en la historia para preguntarte: ¿A dónde vas tú? ¿A quién le consultas en medio de tus batallas? ¿A quién acudes para buscar ayuda cuando te sientes triste, preocupado, cuando alguien se levanta contra ti o no sabes qué hacer?

Muchos de nosotros podríamos cometer el grave error de consultarle a nuestro propio corazón, ese lugar donde están guardadas las experiencias pasadas que tanto nos han herido. Tal vez tenemos largas conversaciones con nuestros temores, ese oscuro lugar donde todo tiene un terrible final. También podríamos acudir a las personas equivocadas o poner atención a los medios de comunicación o las redes sociales, que nos llenan de tanta inquietud.

Consultar al emisor equivocado puede llenarnos de
desesperanza y turbación.

Cuando pienso en la historia de Íngrid, imagino todos los pensamientos agobiantes y desesperanzadores que tuvo que enfrentar a lo largo de los años que permaneció cautiva. Si basamos nuestra esperanza en las experiencias vividas o nuestros temores, lo más seguro es que claudicaremos.

Por esto es necesario enfrentar la vida como David, sabiendo que tenemos a un Dios Todopoderoso al que acudir. Nuestro guerrero tenía la firme convicción de que Dios controlaba cualquier situación que él enfrentara, por eso le pregunta: «¿Los entregarás en mis manos?». David sabía que no podría vencer a sus enemigos con sus propias fuerzas, pero si Dios entraba en la escena, ¡el panorama cambiaría! Esa es la fe con la que tú y yo necesitamos ir a Dios. «Yo sé que Tú sí puedes hacerlo, aunque yo no pueda. Yo sé que Tú tienes el poder que yo no tengo para transformar cualquier situación. ¡Tú sí puedes!»

Entonces David fue a Baal-perazim y allí derrotó a los filisteos. «¡El Señor lo hizo! —exclamó David—. ¡Él irrumpió en medio de mis enemigos como una violenta inundación!». Así que llamó a ese lugar Baal-perazim (que significa «el Señor que irrumpe») (2 Samuel).

¡Qué maravillosa descripción! Nuestro Dios irrumpe en medio de nuestros enemigos como una violenta inundación.

Permíteme contarte la historia de un joven. Él tenía diecisiete años y era vendedor de drogas en su escuela. Su mamá era una mujer cristiana, y aunque no conocía la magnitud de los malos pasos de su hijo, sí sabía que la rebelión había dañado su corazón. Esta mujer entendía que hablarle a su hijo no era suficiente, él necesitaba una intervención divina sobrenatural para ser transformado. Por eso comenzó a interceder sin detenerse por su hijo. En lugar de guiarse por sus temores o mantener un diálogo con sus propios pensamientos, acudía a la presencia del Señor noche y día con la fe y la convicción de que Dios puede llegar a donde nadie más puede hacerlo, aun a lo más profundo del corazón de su hijo

Un día, estando el joven drogado junto a otros amigos, de repente sintió como si sus ojos fueran abiertos. En un segundo pudo ver su verdadera condición. Tirado en el suelo de aquella habitación, miró a su alrededor y se preguntó: «¿Qué hago aquí? ¿Qué estoy haciendo con mi vida?».

Aún en medio de su intoxicación por las drogas, el Espíritu Santo irrumpió en aquella habitación para hacerlo volver en sí, salvarlo y reencaminarlo. Ese fue el último día que ese joven, hoy esposo, padre de familia y profesional, se drogó y delinquió. Dios irrumpió en medio de aquella habitación para devolverle a su hijo a aquella madre llena de fe. ¡Ese es el Dios que irrumpe! Cuando menos lo esperas, donde menos los esperas, sin pedir permiso a nadie, Él manda a Su Espíritu para salvar.

Por eso es necesario que no dejes de clamar a Dios y pedirle que irrumpa como una violenta inundación en medio de tu vida y de la gente que amas. No puedes quedarte con el diagnóstico de tu propio corazón; créeme, nuestro corazón no tiene las respuestas correctas. No puedes resignarte con los veredictos de otros seres humanos frágiles e inseguros, que desconocen más de lo que saben. Debemos correr a Dios, quien ve lo oculto, tiene todo poder y sabe exactamente qué hacer en toda situación. Él es quien puede irrumpir en medio de cualquier circunstancia, por más peligrosa que parezca, para brindarle a nuestra vida la dirección y la fortaleza que tanto necesitamos.

«No cesen de orar» (I Tes 5:17 blph).

David, al igual que esta mamá y su hijo, experimentó en Baal-perazim una intervención divina sobrenatural porque acudió a la persona correcta. Vayamos nosotros también a Él.

Si quieres ver el poder del Dios que irrumpe manifestado, NO ceses de orar.

Oración

Padre, desde hoy clamo a Ti con todo mi corazón, sabiendo que Tú me escuchas, y te pido que intervengas en mi vida y en las de los que amo de forma sobrenatural. Irrumpe en nuestras vidas Padre, hazlo como una violenta inundación.
Por Jesús. Amén.

Hábito de Vida:

Lo primero que debes hacer cada mañana al levantarte es estirar tu cuerpo, hidratarte con ocho onzas de agua y dedicar veinte minutos a la lectura de la Palabra de Dios. Comenzar bien el día puede ser determinante para el modo en que te sentirás.

¡Resplandecerás!

Notas Personales:

....

....

....

....

....

....

....

....

....

....

....

....

....

....

....

....

....

....

....

....

....

....

....

....

....

Mi Tiempo

En este dibujo hay cinco medallones. Cada uno representa una de las cinco estrategias que utilizó nuestro guerrero para resplandecer aun en medio de su oscuridad. Como representación del compromiso que haces contigo mismo, colorea el interior de los medallones que estás dispuesto a emular para que, como David, a pesar de lo que estás viviendo... ¡RESPLANDEZCAS!

¡Resplandecerás!

Notas Personales:

Semana 3
Para ti.
De Christy

Introducción

Nací en medio de un ataque de preeclampsia. El médico les informó a mis abuelos que tanto mi mamá como yo podríamos morir. Ese acontecimiento traumático marcó mi llegada a este mundo. Mi mamá se afectó muchísimo con ese suceso y comenzó a tenerle miedo a la muerte. Poco tiempo después sufrió la pérdida de mi papá, lo que exacerbó sus temores y aumentó su tristeza. Estas situaciones provocaron que pasara los primeros años de mi vida viendo sufrir a la persona que más amaba en el mundo. Mi mamá me cuenta que desde muy pequeña me acercaba para pedirle que no llorara y oraba por ella. Sufrí la ausencia de mi papá y, al igual que una gran mayoría de los niños, recibí mucho rechazo. No me cabe duda de que todas estas experiencias fueron impactándome de forma negativa.

Durante la juventud, comencé a notar que las cosas me afectaban demasiado; lo que era de poca importancia para otros, a mí me destruía. Años más tarde, descubrí que luchaba con la ansiedad. Esta condición hace que las situaciones que suceden o podrían ocurrir nos preocupen mucho más que a aquellos que no la padecen. Viví situaciones muy dolorosas como consecuencia de ese mal. Mi cuerpo se resintió. En ocasiones somaticé todos mis temores y preocupaciones, hasta el punto de padecer dolorosas condiciones de salud a pesar de ser una persona sana. La tristeza se mezclaba con la preocupación y sentía que estaba tan deprimida como ansiosa. Hubo épocas en las que tuve que luchar tanto con mis pensamientos que me podía sentir muy cansada sin trabajar.

Sé lo que es ser arropada por el temor y que solo las oraciones me hayan mantenido a flote.

La realidad es que nadie conoce el dolor y los temores que enfrenta otro ser humano. Tenemos la capacidad de salir a la calle con valentía, esforzándonos por no dejar aflorar el dolor, pero por dentro, ¡cuántas luchas enfrentamos y cuánta inquietud carga nuestra alma! Solo Dios, que está en nuestro interior, puede entender lo que llevamos dentro. Solo Él puede sentir los latidos de nuestro corazón acelerado o el miedo que nos despierta en la noche, porque aunque supuestamente estamos dormidos, no descansamos. Solo Dios entiende por completo nuestro dolor.

Durante estos procesos difíciles, el Espíritu Santo me ha tomado de la mano y de una forma que solo Él sabe y puede hacerlo me ha ayudado a salir adelante. Esta semana compartiré contigo algunas de las cosas que me ha enseñado durante esos tiempos. El formato de los devocionales de estos próximos cinco días será diferente, porque encontrarás al comienzo un verso bíblico que te invito a memorizar. No estás solo en este camino, sino que sea cual sea la situación que atravieses, Dios está contigo. Si aprendes y confías en Su Verdad, no tengas duda de que a pesar de lo que estás viviendo... ¡RESPLANDECERÁS!

Día 1
El foso de la desesperación

> «Me sacó del foso de desesperación [...]
> Puso mis pies sobre suelo firme
> y a medida que yo caminaba,
> me estabilizó»
> (Salmos 40:2, ntv).

*I*magina que de la noche a la mañana tu vista se nubla tanto que casi no puedes ver, las luces te molestan a un nivel que literalmente te ciegan. Te miras al espejo y hay partes de ti que no ves, como si faltaran piezas en un rompecabezas. Tienes que cumplir con las mil responsabilidades de siempre, pero la vista no te lo permite. ¡Qué horror! ¿Verdad? Eso fue lo que comencé a vivir.

Era jueves y tenía que ir al set de grabación de una película que estábamos filmando. El lugar se encontraba muy lejos de donde vivo, y mientras iba manejando, de repente la carretera comenzó a desaparecer. Parte por parte, en lugar de la carretera lo que veía eran sombras. Traté de ignorarlo y tranquilizarme diciéndome que quizás era el cansancio. Tenía que hacer una parada en el camino para comprar uno de los vestuarios que utilizaría, cuando una vez más, al mirarme al espejo en la tienda, había partes de mí que no veía. Las luces me molestaban tanto que casi me cegaban por completo. Inquieta, pero con la responsabilidad de llegar al set de grabación, llamé a mi esposo para pedirle que fuera a buscarme, porque no quería arriesgarme a manejar lejos de casa con la vista tan afectada. Desde ese día en adelante no pude ver con claridad. ¡Imaginen el miedo! *¿Me quedaré ciega? ¿Qué es lo que está provocando esto?*

No era la primera vez que lo experimentaba. En períodos anteriores en mi vida había tenido exactamente estos mismos síntomas, pero luego de un tiempo volvía a estar bien. En cada una de esas ocasiones el temor me arropaba. No hay palabras para describir momentos así en la vida.

En esta ocasión, como mi vista se afectó tanto en tan poco tiempo, la neuróloga decidió hospitalizarme de inmediato para hacerme exámenes y descartar que tuviera algún tumor o esclerosis múltiple. En el hospital se incrementó la pérdida de la visión y también mis niveles de ansiedad.

Durante este tiempo debía entregar mi primer libro, *Una vida mejor*, así que mi mamá y mi esposo me leían el manuscrito en el hospital y yo les iba señalando las correcciones. No edité el libro en una oficina con aire acondicionado, sino en una cama de hospital, con mi vista muy afectada y pasando por uno de los momentos más inquietantes de mi vida. No escribí el libro con una vida perfecta, sino por el contrario, aferrándome con todas mis fuerzas a la Palabra de Dios para sobrevivir a la angustia por la que atravesaba.

Después de un sinnúmero de exámenes y un tiempo muy largo de evaluaciones, se descubrió que lo que afectaba mi vista era una migraña ocular severa que, en mi caso, además de la reacción que causaba trabajar tanto frente a un computador, se exacerbaba con la ansiedad. ¡Cuánto dolor me causó no saber manejar la ansiedad! Realmente creo que es el peor de los males, porque drena tu mente, lastima tu cuerpo y te roba la paz. Mientras viví toda esta crisis sin saber la causa de lo que me ocurría, pensaba en Pablo, que no escribió la revelación de Dios desde una tarima con las gradas llenas de personas que lo aplaudían, ni tampoco en medio de servicios llenos de gozo y alegría, sino desde un calabozo. Me siento identificada con él porque ciertamente, aun en medio de estas circunstancias tan difíciles, he experimentado a Cristo de formas extraordinarias. No solo he podido salir adelante, sino incluso esparcir Su luz, aun estando rodeada de tanta oscuridad.

«Me sacó del foso de desesperación» (Salmos 40:2, ntv).

La desesperación es una alteración extrema del ánimo, una pérdida total de la esperanza.[1] Recuerdo una ocasión hace algunos años atrás en la que, llena de ansiedad y preocupación, tenía que ir a dar una conferencia, pero realmente me sentía tan mal física y emocionalmente que no quería ir. Mi mamá, quien se ha convertido en una mujer muy fuerte espiritualmente y una guía extraordinaria en mi vida, se acercó a mí y me dijo unas palabras que nunca olvidaré:

«Christy, camina».

A pesar de cómo me sentía, esa noche me levanté e impartí mi conferencia. Dios se manifestó en mi vida de forma sobrenatural. ¡Obedecí y caminé! No he dejado de hacerlo desde entonces. Cada vez que la ansiedad o la tristeza me quieren arropar, recuerdo esa frase: «Christy, camina», y entonces se cumplen las palabras del salmo, que dicen:

«Y a medida que yo caminaba, me estabilizó» (Salmos 40:2, ntv).

No te puedes detener, tienes que caminar, y tal como Dios lo ha prometido, aun en los lugares más profundos y oscuros, esos

[1] Real Academia Española

donde el temor y la angustia amenazan con destruirnos, ten por seguro que Él te sostendrá y estabilizará. Más allá de la situación que estés atravesando, Dios es capaz de rescatarte del pozo de la desesperación. Hay quienes piensan que este pozo son las circunstancias que estás viviendo, pero en realidad es un estado mental. Las situaciones pueden mejorar, quedarse igual o empeorar, pero nosotros, a pesar de lo que vivimos, podemos ser rescatados del pozo de la desesperación si caminamos sabiendo que no estamos solos. El Dios de poder nos levanta.

El día de la conferencia eso fue lo que hice, seguí caminando. El día de la grabación de la película eso fue lo que hice, seguí caminando. En la edición de mi libro eso fue lo que hice, seguí caminando. Ante cada desafío he seguido caminando y he visto la gloria de Dios manifestarse en cada situación en la que he perseverado por obediencia. Muchas vidas han sido bendecidas con cada acto de obediencia, comenzando con la mía. El enemigo va a querer detenerte, la vida te dará mil razones para hacerlo, pero tú CAMINA.

Eso no significa que no descanses, hacerlo es necesario. No significa que no emplees tiempo para ti, eso es indispensable. **Pero tú y yo sabemos que tomarnos un momento y claudicar son dos cosas diferentes.** Aunque sientas que no quedan sueños ni fuerzas, continúa haciendo lo que Dios te ha llamado a hacer, continúa buscando Su voluntad, continúa caminando, porque el Señor tu Dios está contigo. Así como un bebé se puede caer mientras da sus primeros pasos, pero no se rinde e insiste y va fortaleciéndose hasta poder correr, tú también lo lograrás si sigues caminando, porque nuestro Padre Celestial está contigo. Dios está a tu lado como un buen papá, cuidándote para que no te lastimes mientras logras caminar bien. Él te acompaña, aunque nadie más esté junto a ti. Él es quien te dice:

> «Porque yo Jehová soy tu Dios, quien te **sostiene de tu mano** derecha, y te dice: No temas, yo te ayudo» (Isaías 41:13, énfasis mío).

Si tomas la decisión de abrazarte a las promesas de Dios más que a tu dolor y temor. Si decides obedecer y caminar aun cuando no quieras continuar, te aseguro que, así como Pablo y esta servidora, incluso en medio de la oscuridad... ¡RESPLANDECERÁS!

«_____, *CAMINA*».

Coloca tu nombre

Oración

Padre, sabes que siento que estoy en un pozo muy profundo, pero hoy he escuchado tu voz y confío en que tu mano está sosteniendo la mía y arrancándome del estado mental tenebroso al que no pertenezco. ¡No me detendré, sino que caminaré! Señor, por favor, muestra tu poder en mi vida y cumple tu propósito en mí.
Por Jesús. Amén.

Hábito de Vida:

Cambia tu lenguaje interior por uno positivo y responsable. Por ejemplo, en lugar de decir: «Mi vida nunca va a ser mejor», afirma: «Yo puedo sentirme mal ahora, pero mi vida mejorará si trabajo en ello».

En la oscuridad, ¡Resplandecerás!

Notas Personales:

....
....
....
....
....
....
....
....
....
....
....
....
....
....
....
....
....
....
....
....
....
....
....

Día 2

¡Una Fe que pide Ayuda!

«Jesús le dijo: Si puedes creer, al que cree todo le es posible.
E inmediatamente el padre del muchacho clamó y dijo:
Creo; ayuda mi incredulidad» (Marcos 9:23).

*E*ra martes en la noche y mi mente estaba agobiada por mi estado de salud. Brincaba de un lado para el otro en la cama. Mi cuerpo no entendía el mensaje de que quería que estuviera en calma.

Todos aquellos que tenemos fe en Dios sabemos que Él controla todo en nuestra vida. Esa confianza debería llenar nuestra mente de paz. Sin embargo, la realidad es que hay momentos en los cuales, aun teniendo fe y sabiendo que Dios está en control, sentimos el embate de nuestras emociones que se levantan como una fuerte tempestad y no nos permiten estar en calma.

¿Puede una persona tener fe y sentir preocupación al mismo tiempo?

La preocupación es una emoción muy humana, porque nosotros no conocemos el futuro. Desconocemos cuánto más se pueden complicar las situaciones que enfrentamos, si habrá o no solución, o cuánto sufriremos en el proceso. Por eso es natural sentir inquietud. En medio de todas nuestras preocupaciones, sabemos que ciertamente Dios conoce todas las cosas y que deberíamos confiar en Él. No obstante, aunque debería ser así, la realidad es que en la práctica no resulta fácil hacerlo. Es cierto, hay días en los que la fe estará más fuerte y sentiremos paz, pero hay otros cuando nos podría ganar la preocupación. Todo esto es parte de un proceso natural, porque hay una constante lucha entre el espíritu y la carne.

Esa realidad me hace preguntar: ¿Dios puede usar esa fe que se mezcla con mis inseguridades?

Una Historia Verdadera

Marcos 9:20—27

En Jerusalén vivía un padre cuyo hijo estaba realmente necesitado de un milagro. Desde que era un niño sufría de manifestaciones agobiantes y trataba de hacerse daño constantemente echándose al agua o al fuego. Cuando el padre supo que Jesús estaba en el lugar, le llevó a su hijo esperando un milagro.

Esta es una de las historias que más me conmueven de la Biblia, porque creo que uno de los dolores más grandes que podemos experimentar en la vida es el de ver sufrir a un hijo y sentir que no podemos hacer nada para aliviar su dolor.

En medio de la historia, sucede algo inesperado. Jesús dice: «Si puedes creer, al que cree todo le es posible» (v. 23).

¡Ay, ay, ay! Esta situación se complicó. Jesús ha condicionado el milagro a la fe del papá. Como dicen en muchos de nuestros países: «*El balón está en tu cancha*». Dios tiene el poder para hacer el milagro, pero lo que suceda no dependerá del poder de Dios, sino de la fe del papá.

Imagina los pensamientos del padre mientras mira a su amado hijo: *Si creo lo suficiente, mi hijo será libre; pero si no creo lo suficiente, mi hijo continuará en su condición.* ¡Qué responsabilidad tan grande! ¡Qué posición tan difícil!

> El padre escuchó a Jesús y de inmediato hizo una de las declaraciones más honestas que un ser humano puede hacer ante una situación así:
> **«Creo; ayuda mi incredulidad» (v. 24).**

Era evidente que el padre tenía una medida de fe y por eso acudió a Jesús. Sin embargo, él no sabe si esa fe será suficiente para que su hijo sea sanado. ¿Qué hace entonces? Le revela con honestidad la fe que tiene a Jesús. ¿Cómo es esa fe?

¡Una fe que necesita ayuda!

Seguramente, tú y yo entendemos perfectamente ese tipo de fe. Corremos a Jesús en medio de nuestra necesidad, porque sabemos que Él puede hacer en nuestra vida lo que nosotros no podemos hacer. Sin embargo, mientras vamos a Jesús podemos sentir tristeza, temor o ansiedad. Es en esos momentos cuando nos damos cuenta de que nuestra fe necesita ayuda. ¡Creemos como ese papá, pero hasta para creer bien necesitamos la ayuda de Dios!

En esta historia es evidente la liberación que Dios le brindó a este hijo, pero es muy posible que no nos hayamos detenido a observar que realmente hubo otro milagro que, de hecho, precedió a la sanidad del muchacho.

¡DIOS AYUDÓ A LA FE DE ESTE PAPÁ!

Lo sabemos porque si el milagro estaba condicionado a la fe del papá y el hijo fue sanado, entonces Dios lo ayudó a fortalecer su fe, tal como el padre se lo pidió a Jesús.

Y es que Jesús no solo quería sanar a un hijo, también quería aumentar la fe de un padre. Eso es justamente lo que Dios quiere hacer en nuestra vida. Nosotros apuntamos a la sanidad, a que se arreglen las cosas, a que mejoren las circunstancias, mientras Dios siempre apunta primero al corazón. Es decir, Su prioridad es que confiemos en que tiene un plan y que no dependamos de nuestras fuerzas o capacidades, sino de Él.

Quizás hoy tu fe, como la de ese papá, necesita ayuda. Crees en Dios, pero piensas que el momento difícil que estás atravesando trae sentimientos que se contraponen a esa fe. En medio de tu necesidad, te preguntas si tu débil fe será suficiente. Por eso, el Espíritu Santo ha venido a decirte que puedes pedirle a Dios que fortalezca tu fe, porque Él lo hará.

¡Pídele a Dios que ayude a tu FE!

Ese martes en la noche, mi fe, como la del padre de la historia, necesitaba ayuda. Me levanté de la cama y empecé a pedirle al Señor que me ayudara a confiar en Él. El Espíritu de Dios comenzó a ministrar a mi corazón llenándome de calma y seguridad.

Nosotros no estamos solos. Tenemos a un extraordinario equipo a nuestro lado al contar con el Padre, el Hijo y el Espíritu Santo, quienes desatarán Su poder sobre nuestra vida y fortalecerán nuestra fe.

Pídele a Dios que ayude a tu fe.

Oración

Padre, yo creo, pero por favor, ayuda a mi fe para que sea más fuerte que cualquier inseguridad, ansiedad o temor que me aceche. Creo, ayuda mi incredulidad.
Por Jesús. Amén.

Hábito de Vida:

Practica todo aquello que contribuya a la relajación muscular, como estirar tu cuerpo diariamente al despertar, visitar al quiropráctico y recibir masajes terapéuticos.

Notas Personales:

....
....
....
....
....
....
....
....
....
....
....
....
....
....
....
....

Día 3
La Sombra

«Porque tú has sido mi socorro,
y a la sombra de tus alas canto gozoso»
(Salmos 63:7, lbla).

*C*uando era muy joven, una amiga me invitó a ver una película de suspenso, pero resultó ser una de horror. Mi cuerpo resintió esas imágenes durante todo el tiempo que estuvimos allí; me sentí nerviosa, agitada y hasta grité en plena sala. Ahora me río, pero en ese momento no me dio nada de gracia.

Experimentar altos niveles de ansiedad es como ver una película de horror, con la diferencia de que la película nunca termina. Es como si te encerraran en la sala de cine para siempre. Un día te agobia un pensamiento y al otro día te agobia otro. Los motivos pueden cambiar, pero el sentimiento de intranquilidad es el mismo. Experimentas miedo, preocupación, tristeza, falta de motivación, cansancio y/o agitación.

¿Quiere Dios que yo viva en una película de terror? ¿Fui creada para vivir de esta manera? Si no es así, ¿cómo salgo de ese lugar?

Una Historia Verdadera

Hoy quisiera presentarte dos tipos de sombras totalmente distintas. La primera sombra aparece en un salmo:
«Aunque ande en valle de **sombra de muerte**, no temeré mal alguno, porque tú estarás conmigo» (Salmos 23:4).

El salmista nos presenta una sombra tenebrosa que representa la calamidad, como esos momentos oscuros que nos llenan de turbación, desesperanza y preocupación.

La segunda sombra es totalmente distinta y la encontramos en otro salmo:

«El que habita al abrigo del Altísimo, morará bajo la **sombra del Omnipotente**» (Salmos 91:1).

La sombra en este verso es totalmente diferente a la anterior: reconforta, brinda descanso y protección. Como cuando el día está soleado y encuentras un gran árbol bajo cuyas ramas puedes descansar. El salmista explica que esa es la sombra del *Omnipotente* o, como la define el Diccionario Bíblico, del *Impenetrable*. ¡Cuánto me ministra esta definición! Esta sombra tiene la particularidad de que nada la puede atravesar, es como un escudo de protección. Cuando la presencia de Dios es la que te cubre, nada ni nadie la puede atravesar para hacerte daño. Puedes estar completamente seguro bajo Su sombra.

Te presento estas dos sombras porque el salmista, al igual que tú y yo, conoce y ha experimentado ambas. Sin embargo, es importante explicar que, aunque en determinados momentos de su vida anduvo por el valle donde está la sombra de la calamidad, no es allí donde él vive. En el primer salmo dice: «Aunque **ande** en valle de sombra...». No obstante, cuando habla de la sombra del Impenetrable, afirma que «**morará**». Es decir, en la primera ocasión ha andado, va de paso, pero en la segunda se refiere a donde vive de forma permanente.

Andar y morar son dos cosas muy diferentes.

Sin duda, el valle de sombra de la calamidad es algo que todos experimentaremos en algunos momentos de nuestra vida. Sin embargo, Dios nos está enseñando que ese no es nuestro hogar. Nuestra habitación permanente está en Su presencia, bajo la sombra reconfortante del Impenetrable.

Hay quienes tristemente lo hacen al revés, **andan** por la sombra del Omnipotente, pero viven bajo la sombra de la calamidad. Escuchaba a un niño decir que su mamá se veía feliz en el servicio de la iglesia, pero luego estaba triste el resto de la semana en el hogar. Dios no quiere que tú solo pases por Su presencia y vivas en la oscuridad. Por el contrario, Él quiere que aunque pases por la oscuridad, ¡VIVAS en Su presencia!

¿Bajo qué sombra estás viviendo?

Debido a que luchaba frecuentemente con tanta ansiedad, me tuve que hacer esta pregunta y contestarme con honestidad que era más el tiempo que pasaba preocupada que el tiempo en el que vivía en paz. ¿Cómo el salmista lograba pasar y no quedarse a morar bajo la sombra de la calamidad? Él lo revela con claridad:

«No temeré mal alguno, porque tú estarás conmigo».

Decir que no tenemos miedo cuando atravesamos por momentos difíciles sonaría casi como una mentira. Sin embargo, cuando observé con atención las palabras del salmista, **él no está expresando una emoción, sino haciendo una declaración.** Está tomando la decisión de que aun en medio de la calamidad, confiaría en el Buen Pastor y no temería. Esto es justamente lo que tú y yo debemos hacer en medio de la calamidad. **Necesitamos tomar decisiones.**

A veces nos sentimos tan víctimas de las circunstancias que pensamos que nada está en nuestras manos. Sin embargo, eso no es la verdad. **Nosotros siempre podemos tomar decisiones aun en medio de las circunstancias difíciles que vivimos.** Podemos decidir con qué actitud enfrentaremos esas situaciones, podemos buscar personas que nos ayuden en lugar de quedarnos solos, podemos renunciar a relaciones que nos dañan, podemos cambiar hábitos, disciplinarnos en la búsqueda de la presencia del Señor y congregarnos.

Quisiera invitarte a evaluar aquello que puedes hacer para moverte del lugar de oscuridad donde te encuentras. Siempre hay decisiones que podemos tomar y es necesario que lo hagamos. De hecho, hay decisiones que estás tomando ahora mismo sin darte cuenta y que te están manteniendo estancado en tu condición. Cada vez que decides llevar la carga solo, cada vez que alimentas más tus temores que tu fe, cada vez que decides no perdonar a otros o perdonarte a ti mismo, cada vez que decides mantenerte aislado, estás decidiendo permanecer en la sombra de la calamidad.

No quería quedarme estancada, y por eso empecé a tomar decisiones que me ayudarían a mudarme de sombra. Puedo decir con alegría y alivio que lo he logrado. Cada día tenemos que evaluar la forma en la que manejamos las situaciones que enfrentamos y actuar para permanecer morando bajo la sombra del Omnipotente y no bajo la sombra de la calamidad.

Podemos descansar al saber que no tenemos que ser protegidos por nuestra propia sombra. Sostenernos a nosotros mismos será insuficiente en algún momento, pero vivir bajo la sombra del Omnipotente es nuestra salvación.

¡Aférrate a la presencia de Dios, no al dolor!

Aférrate a la sombra que te brinda amparo y no a la que te roba la esperanza. Aférrate a la sombra de Aquel que te brinda descanso y no bajo aquella que te roba las ganas de vivir.

Toma las decisiones que te harán vivir bajo la sombra del Omnipotente.

Oración

Padre, sabes que no se me hace fácil mantenerme relajado y en paz, pero en este día he entendido que no fui creado para vivir en un estado constante de ansiedad. Por el contrario, fui creado para vivir en tu presencia. Ayúdame, Señor, a poder vivir cada día aplicando los principios que me estás enseñando y así poder vivir libremente en tu verdad.

Por Jesús. Amén.

Hábito de Vida:

Regularmente, haz una lista de aquello que contribuye a que permanezcas estancado versus aquello que puede ayudarte a avanzar para que tomes las decisiones correctas.

Notas Personales:

....

....

....

....

....

....

¡Resplandecerás!

Notas Personales:

··
··
··
··
··
··
··
··
··
··
··
··
··
··
··
··
··
··
··
··
··
··
··

Día 4
A pesar de todo seré feliz

«Esta es la razón por la que nunca nos desanimamos. Aunque nuestro cuerpo mortal se va desmoronando, nuestro ser interior va recibiendo día tras día nueva vida»
(2 Corintios 4:16, blp).

Sus cabezas estaban rapadas, su cansancio y hasta el color de su piel me gritaban lo enfermos que estaban. El lugar estaba lleno de personas con cáncer que habían llegado a su quimioterapia. Mi corazón se estremecía mientras caminaba por el pasillo. De repente, escuché carcajadas e inmediatamente pensé: *¿Quién podría estar riéndose en este lugar?*. Segundos después, una mujer salió de uno de los cubículos con un pañuelo en la cabeza, siendo evidente que ocultaba su calvicie. Cuando la miré, lo primero que vi fue una gran sonrisa; ella era la que había estado riendo. Se veía feliz a pesar de estar tan enferma. Una de las doctoras nos dijo que era muy común verla así. Creo que esta es una de las cosas que más me han impactado. ¿Cómo una persona, a pesar de vivir las circunstancias más difíciles, logra ser feliz?

Una Historia Verdadera

Jesús atravesaba un tiempo difícil, pues sabía que la hora de su muerte estaba acercándose. Al igual que cualquier ser humano, para Jesús no debía ser nada fácil saber lo que enfrentaría; una muerte en la cruz sería en extremo dolorosa y cada día que pasaba lo acercaba a ese momento.

Creo que cada uno de nosotros podría tener el hábito de hacer alguna cosa cuando nos preparamos para un momento desafiante. Recuerdo a un boxeador que decía que semanas antes de cada pelea comía solo ciertos alimentos y practicaba unos ejercicios en específico, lo cual lo preparaba para el difícil encuentro. De la misma forma, si nos preparamos para una reválida, seguramente crearemos ciertos hábitos de estudio y descanso para tener un rendimiento óptimo.

Sin duda, Jesús también se preparó muy bien para Su momento difícil. Sabía que Su cuerpo no resistiría la cruz, que como dice 2 Corintios 4:6 se desmoronaría. Posiblemente Sus emociones también sufrirían el embate del rechazo y la soledad, por lo que para poder vencer el proceso debía mantener erguida otra parte de Su ser: Su espíritu.

El espíritu se fortalece por medio de nuestra relación con Dios, no con nosotros mismos. Hablar con nosotros puede ser muy perjudicial cuando estamos atravesando momentos difíciles, porque estamos llenos de miedos e inseguridades. Sin embargo, el Dios que está por sobre todas las cosas es nuestra mejor influencia. Él tiene el poder para transformar nuestra fragilidad en fortaleza y así vencer.

> Jesús lo sabía, por lo que iba a hablar con Su Padre:
> «Y mientras oraba, la apariencia de su rostro se transformó y su ropa se volvió blanca resplandeciente» (Lucas 9:29, ntv).

Este verso nos muestra una verdad absoluta extraordinaria. La oración no es una experiencia unilateral. No se trata únicamente de hablar con Dios. En la oración hay dos seres en koinonía. Ambos pueden hablar y ambos pueden escuchar. Muchas veces podríamos cometer el error de limitar la oración a hablar nosotros, sin darle lugar a Dios para que nos hable y haga Su obra perfecta. En esta experiencia espiritual, la Palabra de Dios dice que mientras Jesús oraba, Su rostro y Su ropa se transformaron. ¡Esto es lo que hace Dios en los tiempos de oración! ¡Él transforma! Transforma nuestro lamento en danza, nuestro temor en fe, nuestra desilusión en esperanza. No vayas solo a hablar con Dios, dale la oportunidad de que Él hable contigo y te muestre Su poder.

Hace un tiempo hablaba con la audiencia acerca de que es importante expresarle al Señor cómo nos sentimos, pero también tenemos que aprender a silenciar nuestro corazón para que Dios nos hable. Cuando estamos viendo televisión con el volumen muy alto y de momento otra persona comienza a hablarnos, seguramente tomamos el control del televisor y apretamos la tecla de «mute» para escuchar y entender lo que la persona nos dice; de esta misma manera, debemos poner en «mute» nuestro corazón para entender con claridad lo que Dios nos está diciendo. Deja de hablar por un momento, deja de pensar por un momento y solo concéntrate en la Palabra de Dios que estás leyendo, solo concéntrate en lo que Dios quiere ministrar a tu vida. Escucha atentamente las palabras del predicador, escucha con atención esa canción que te ministra, permite que Dios le hable a tu vida. Sin interrupciones. Él tiene el poder para mudar tus vestiduras y transformarte.

Ya justo antes de Su muerte, Jesús les pidió a Sus discípulos que lo acompañaran en oración[a]. Tristemente, ellos se durmieron, y es que hay momentos de dolor en los que ningún otro ser humano nos acompañará. Tiempos en los que miraremos alrededor y no encontraremos quién nos sostenga.

Dios quiere que sepas que aunque todos se duerman, Él sigue cuidándote y escuchándote.

Ese día el Padre estuvo junto a Jesús y lo escuchó aunque nadie más lo haya hecho. En el momento de la cruz, Su Padre no solo lo sostuvo, sino que puso gozo delante de Él.

> **«Por el gozo puesto delante de Él** soportó la cruz, menospreciando la vergüenza, y se ha sentado a la diestra del trono de Dios» (Hebreos 12:2, lbla, énfasis mío).

¿Quién lo pensaría? De todas las cosas que el Padre pudo darle a Jesús en el momento de la cruz, la que menos se me hubiera ocurrido es el gozo. Hubiera pensado en paz, quizás en algún tipo de sensación de adormecimiento por el dolor, o en fortaleza para soportar, ¿pero gozo? ¡Vaya! ¡Dios es incomparable!

Es importante que comprendamos que ese Dios increíble, capaz de conceder gozo en el momento de la cruz, es quien nos acompaña a nosotros también para ir por encima de nuestras capacidades y límites humanos, a fin de que podamos atravesar el camino por difícil que este sea.

Esto fue justo lo que el Espíritu me hizo comprender en medio de este tiempo. El Padre que sostuvo a Jesús y a la chica con cáncer, brindándoles lo inimaginable, está con cada uno de nosotros para hacer obras extraordinarias en nuestra vida en medio de los tiempos más desafiantes. Pasemos tiempo con Él.

Referencia Bíblica: [a]Mateo 26:40

La oración no es una experiencia unilateral.
Dios quiere hablarnos y hacer Su obra en nosotros.

Oración

Padre, rindo a Ti mis temores y mi dolor. Confío en que tienes el poder que yo no tengo para transformar todo lo que sea necesario dentro de mí. Padre, como a Jesús, inúndame con el gozo de tu Espíritu para poder permanecer firme y vencer.
Por Jesús. Amén.

Hábito de Vida:

Prepara un «kit contra la ansiedad». Nuestros cinco sentidos pueden ser estimulados de distintas formas para ponernos ansiosos o, por el contrario, relajarnos. Por tanto, ten a la mano elementos para estimular cada sentido y relajarte. Por ejemplo, estimula el oído con música relajante, el olfato con una toallita con olor a aceite esencial de lavanda, el tacto con una bolita que puedas apretar, la vista con videos de paisajes que den paz, y el gusto con algún refrigerio bajo en azúcar.

¡Resplandecerás!

Notas Personales:

Día 5
En medio de la sequedad, fructificaré

«Y en el año de sequía no se fatigará, ni dejará de dar fruto»
(Jeremías 17:8b).

*T*odo mi trabajo se realiza frente a una computadora. Ya sea que se trate de un reportaje para el periódico, un libreto para una sección de televisión o radio, o un capítulo de uno de mis libros, todo, absolutamente todo mi trabajo requiere que escriba, por lo que dependo por completo de mi vista. Entonces, ¿cómo se suponía que trabajaría? ¡La luz de la computadora me afectaba demasiado! ¡El nerviosismo que me producía suponer que me quedaría ciega me impedía pensar con claridad! ¿Sería posible que continuara siendo eficaz durante un tiempo en el que todo parecía estar en mi contra?

Estando sentada en el balcón de mi casa muy preocupada, sentí claramente cómo Dios comenzó a hablarle a mi corazón por medio de la historia de uno de los artistas más extraordinarios que ha existido, Beethoven. Como sabemos, este músico compuso piezas extraordinarias a lo largo de toda su vida, entre las cuales se destaca su novena sinfonía. Es de esperarse que semejante pieza musical fuera compuesta por una persona con excelente audición. Sin embargo, Beethoven compuso esta pieza cuando ya estaba casi totalmente sordo. Contra todo pronóstico, Beethoven dio su mejor fruto durante su tiempo de sequedad.

«Bendito el varón que confía en Jehová, y cuya confianza es Jehová. Porque será como el árbol plantado junto a las aguas, que junto a la corriente echará sus raíces, y no verá cuando venga el calor, sino que su hoja estará verde; **y en el año de sequía, no se fatigará, ni dejará de dar fruto»**
(Jeremías 17:7-8, énfasis mío).

El tiempo de sequía no es el mejor momento para la mayoría de la vegetación. Por el contrario, la falta de agua puede incluso acabar con la vida de las plantas. Al igual que ellas, es de esperarse que los seres humanos demos frutos en las temporadas favorables. Por ejemplo, es natural que pensemos que nuestro mayor tiempo de productividad profesional o ministerial se produzca cuando estemos fuertes, llenos de salud, y todo marche bien en nuestra familia.

Sin embargo, en la vegetación hay árboles que son extremadamente resistentes a la sequía. Estos no solo sobreviven ante la falta de agua, sino que son capaces de continuar dando fruto en lo peor de la sequedad. Dios nos compara con esos árboles en el libro de Jeremías.

No hay ser humano que esté exento del dolor; desde que nacemos, vamos a atravesar por temporadas difíciles en muchas áreas de nuestra vida, y lo más probable es que el mundo no espere que demos fruto durante esas temporadas. Sin embargo, los que confiamos en Dios disfrutamos de una realidad distinta. Aun en medio de los dolores más angustiantes, el Espíritu de Dios se manifiesta en nosotros y nos llena de frutos de vida.

«El Espíritu de Jehová el Señor está sobre mí, porque me ungió Jehová; me ha enviado a predicar buenas nuevas a los abatidos, a vendar a los quebrantados de corazón, a publicar libertad a los cautivos, y a los presos apertura de la cárcel [...] y serán **llamados árboles de justicia, plantío de Jehová, para gloria suya»**
(Isaías 61:1-3, énfasis mío).

Dios nos ha enviado a predicar, vendar, proclamar libertad, consolar y asumir la autoridad, pero en ningún momento me dice que eso sucederá como resultado de tener condiciones de vida favorables. Lo que me enseña es que la capacidad de dar fruto será posible porque el Espíritu de Dios está sobre nosotros y nos ha ungido.

Tú vas a dar fruto debido a que Dios te ha ungido. Ya sea que estés en tiempo de lluvia o en tiempo de sequía, darás fruto, porque lo que sale de ti no va a depender de lo que estás viviendo, sino de quién te ha ungido.

Si observamos con atención la vida de Jesús, nos percataremos de que aunque durante toda Su vida dio fruto, fue en Su peor momento, en el tiempo de la cruz, que dio Su fruto más alto: el perdón y la VIDA ETERNA para la humanidad.[a]

Es natural que en nuestros momentos difíciles pensemos que no tenemos nada para dar y nos volvamos improductivos; o que pensemos que solo somos capaces de dar frutos malos y nos volvamos intolerantes, rencorosos o no tengamos ánimos para vivir. Si lo pensamos bien, es algo muy humano que en nuestras temporadas malas solo demos frutos malos. Sin embargo, **Dios no opera en nosotros a partir de nuestra humanidad, sino desde Su divinidad.** Él es un ser divino, sobrenatural, y nos está llamando a confiar en Él. Dios te está diciendo que vas a lograr todo lo que te ha enviado a hacer con Sus fuerzas, y vas a dar frutos de justicia si confías en Él.

La pregunta es: ¿confías en Jehová?

Dios quiere que coloquemos nuestra confianza en Él y en nadie más. El Dios que te pensó, creó y formó, quien hace que cada día, segundo a segundo, tu corazón lata, Aquel que tiene el poder para crear los cielos y la tierra, te está diciendo que CONFÍES EN ÉL, y darás fruto aún en medio de la sequedad.

Esta fue la Palabra que Dios sembró en mi corazón aquel día en mi balcón. Así como Beethoven creó sus mejores piezas en medio de su sordera, yo daría fruto, aun atravesando por tanto dolor. Hoy es a ti a quien Dios te dice: «En medio de tu sequedad, no solamente vas a dar fruto, sino que, porque mi Espíritu está sobre ti, **¡vas a dar tu mejor fruto!**». Confía en Él. Dios nos ha ungido.

Referencia bíblica: [a] Juan 3:16

¡Aun en medio de la sequedad darás tu mejor fruto, porque el Espíritu Santo está en ti!

Oración

Padre, te agradezco que la situación por la que atravieso no determine lo que seré capaz de dar, sino que, porque me has ungido, aun en este tiempo daré mi mejor fruto.

Por Jesús. Amén.

Hábito de Vida:

Mantente hidratado. Es increíble como hábitos sencillos pueden brindar tanta salud. La hidratación es necesaria para el bienestar cerebral, mejorar el estado anímico y ayudar a la concentración. Asegúrate de beber agua suficiente según tu peso.

Notas Personales:

....
....
....
....
....
....
....
....
....
....
....
....
....
....
....

Mi Tiempo

En este capítulo abrí mi corazón para compartir contigo experiencias personales sobre cómo luché con la ansiedad, lo que provocó en mí, lo que entiendo que pudo haberla causado, y cómo Dios ministró a mi vida para poder superarla. A continuación, te invito a hacer una introspección y que puedas identificar ahora en tu vida aquello con lo que luchas, lo que ha provocado en ti, lo que entiendes que pudo haberlo causado y cómo Dios te ha ministrado esta semana para sobrellevarlo.

LUCHO CON:

ESTO HA PROVOCADO
EN MÍ QUE:

CREO QUE LO QUE
LO PROVOCÓ FUE:

CÓMO DIOS ME HA MINISTRADO
ESTA SEMANA PARA =RESPLANDECER=
EN MEDIO DE LA OSCURIDAD:

Notas Personales:

....

....

....

....

....

....

....

....

....

....

Semana 4
No temeré

Semana 4

Introducción

El temor es una emoción muy humana y puede ser positiva en la medida en que te ayude a alejarte de situaciones que te puedan causar daño. Sin embargo, cuando el temor surge aun sin estar en situaciones de peligro, entonces tenemos que ejercer autoridad sobre él.

El temor produce en nosotros una angustia constante que va robándonos la paz, el gozo, y hasta la salud. Esto se debe a que el temor puede generar mucha ansiedad, afectando el cuerpo de manera sorprendente. Nuestro cuerpo cuenta con un sistema nervioso autónomo, compuesto por el sistema simpático y el parasimpático. El sistema simpático se encarga de mantenernos activos y alertas, mientras que el parasimpático restablece la calma. Cuando pasamos la mayor parte del tiempo preocupados, el sistema simpático se mantiene acelerado, lo que puede provocar un sinnúmero de enfermedades físicas que afectan nuestro sistema nervioso, muscular y cardiovascular, por solo mencionar algunos.

El temor no solo afecta el cuerpo y nuestras emociones, sino también puede causar que nuestra fe en Dios disminuya, ya que alimenta constantemente la incredulidad.

Esta semana consideraremos al temor, sabiendo que impacta todas las áreas de nuestro ser: espíritu, alma y cuerpo. Es mi deseo que implementando lo que discutiremos estos próximos días puedas ejercer autoridad sobre él.

Día 1

¡Monte... quítate!

*U*na tarde mientras trabajaba, recibí una llamada que me llenó de preocupación. ¡Mis pensamientos cambiaron de modo escritora de libros cristianos a libretista de películas de horror! Ya hemos hablado de que la ansiedad siempre nos impulsa a crear una película mental trágica, llena de peligros que intranquilizan todo nuestro ser.

Hice una breve oración a Dios para poder continuar trabajando, pero los pensamientos me robaron el enfoque de mi trabajo. Me sentía aturdida, por lo que decidí llamar a mi mamá y contarle lo que me estaba pasando. Al finalizar la conversación, le pedí que por favor orara por mí. Ella hizo esta oración:

«Padre, yo te pido que Christy pueda mirar a ese monte de la ansiedad de frente y ordenarle en Tu nombre que se mueva».

¡Vaya! Aquellas palabras fueron muy reveladoras para mí. Las situaciones que nos aquejan son como un gran monte imponente frente a nosotros, el cual con solo verlo nos hace sentir que es demasiado para poder enfrentarlo. No obstante, en medio de esta realidad humana, se levantan las palabras de nuestro Dios, que nos enseña:

> «Si tienen fe como un grano de mostaza, dirán a este monte:
> **"Pásate de aquí allá"**, **y se pasará**; y nada les será imposible»
> (Mateo 17:20, nbla, énfasis mío).

Existen muchos montes que pueden levantarse frente a nosotros en el transcurso de la vida: ansiedad, desesperanza, condenación, enfermedad, adicciones y, sin lugar a dudas, temor. Sin embargo, es necesario que entendamos que tenemos la autoridad que Dios nos ha entregado como hijos para ordenarle a ese monte que nos está deteniendo y lastimando que se quite en el nombre de JESÚS.

En cierta ocasión visitamos un lugar en el que las montañas se veían muy imponentes. ¡Desde el carro lucían realmente gigantescas! Pero cuando las sobrevolamos en el avión, aquellas montañas se veían pequeñas desde arriba. Esta visión tan distinta de una misma cosa representa muy bien lo que nos sucede frente a las situaciones que enfrentamos. Tú y yo miramos desde abajo hacia arriba, por lo que las circunstancias que vivimos nos parecen muy abrumadoras. Sin embargo, nuestro Dios mira desde arriba hacia abajo, por lo que nada es grande, intimidante o imposible para Él.

Hay una verdad extraordinaria que Dios desea mostrarnos hoy. No solo se trata de que Él esté arriba, sino de que Él es capaz de elevarnos a nosotros también para mirar nuestras circunstancias desde arriba.

> «Quien hace mis pies como de ciervas,
> **Y me hace estar firme sobre mis alturas** [...]
> Me diste asimismo el escudo de tu salvación;
> Tu diestra me sustentó,
> Y tu benignidad me ha **engrandecido**»
> (Salmos 18:33, 35, énfasis mío).

¡Dios es extraordinario! ¡Él nos da la oportunidad de ser levantados, pero no solo eso, sino que nos hace estar firmes en ese lugar alto y nos engrandece! Por lo tanto, no nos permitamos ver los problemas y circunstancias que enfrentamos como algo más grande que nosotros.

Dios NO ha elevado los problemas, no ha engrandecido las dificultades que enfrentamos, sino que es a nosotros a quienes levanta y fortalece.

Él te ha establecido en las alturas; ese es tu lugar y es necesario que comiences a creerlo. Entonces podrás ver la altura del monte tal como el Señor la ve.

Una Historia Verdadera

2 Reyes 6
El profeta Eliseo y su criado estaban durmiendo, y cuando despertaron el criado vio algo que lo aterró. El ejército enemigo los estaba rodeando para acabar con ellos.

«Por la mañana, cuando el criado del hombre de Dios se levantó para salir, vio que un ejército con caballos y carros de combate rodeaba la ciudad.

—¡Ay, mi señor! —exclamó el criado—. ¿Qué vamos a hacer?» (2 Reyes 6:15, nvi).

¡Imagino el miedo de este criado al salir en la mañana y encontrarse rodeado de este ejército enemigo! Es posible que se tratara del mismo temor que experimentamos al encontrarnos de repente con una situación difícil que percibimos como más fuerte que nosotros.

Sin embargo, el profeta Eliseo no comparte el temor de su siervo, sino que hace una oración por él:

> «No tengas miedo [...] Los que están con nosotros son más que ellos. Entonces Eliseo oró: "Señor, ábrele a Guiezi los ojos para que vea". El Señor así lo hizo, y el criado vio que la colina estaba llena de caballos y de carros de fuego alrededor de Eliseo»
> (2 Reyes 6:16-17, nvi).

¡Qué maravilloso! El criado, antes de orar, veía el escenario aterrador. Es posible que pensara que no había escapatoria. Sin embargo, tras la oración del profeta, sus ojos espirituales fueron abiertos y pudo ver la verdad espiritual que estaba oculta a sus ojos humanos. ¡Los que estaban protegiéndolos eran más que los que estaban en su contra!

Mi amado lector, el que está con nosotros es mayor, más alto y más fuerte que cualquier circunstancia que podamos enfrentar en la vida. Pero es necesario que tengamos una vida de oración que nos permita mantener nuestros ojos espirituales abiertos y así ver más allá de lo que perciben nuestros ojos físicos.

Como el monte que se ve imponente desde abajo, pero que desde arriba se ve pequeño; como el criado de Eliseo, quien a través del Espíritu pudo ver al ejército de ángeles que los acompañaban; de esa misma manera, si mantenemos una vida de oración, tú y yo podremos ver las circunstancias que enfrentamos desde la perspectiva de Dios.

La historia bíblica también nos narra un suceso extraordinario que aconteció aquel mismo día. Eliseo le rogó a Dios que el ejército enemigo se quedara ciego, y el Señor hizo lo que el profeta le pidió. ¡Que milagro tan sobrenatural! Contra toda probabilidad humana, ellos fueron salvados por el Dios que es más grande que cualquier circunstancia. ¡Dios no tiene límites! ¡Su poder es inescrutable! Al igual que Eliseo y su criado, tú y yo estamos bajo Su cuidado. Pidámosle también que, aun en contra de todo pronóstico humano, intervenga con poder y misericordia a nuestro favor.

Luego de que mi mamá hiciera aquella oración por mí el día que estaba ansiosa, al igual que el siervo de Eliseo, me llené de fe y pude ver mis circunstancias desde la perspectiva de Dios. Asumí la autoridad sabiendo que Dios está conmigo y tiene el control de todo. No podemos permitirnos ser amedrentados una vez más por los temores o las circunstancias de la vida. Ha llegado la hora de mirar todo lo que nos acontece desde la posición que Dios nos ha entregado. Él «nos hizo sentar en los lugares celestiales con Cristo Jesús» (Efesios 2:6), y desde arriba podemos declarar con autoridad: ¡Monte... quítate!

Una vida de oración es lo que te permite ver como Dios ve y usar la autoridad que Él te da..

Oración

Padre, no quiero ver más mis circunstancias desde abajo. Hoy entiendo que me has establecido en las alturas para ver desde donde Tú ves; y así lo haré. Gracias por Tu fiel compañía y Tu bondad conmigo. Mi alma está agradecida.
Por Jesús. Amén.

 Hábito de Vida:

Desarrolla una higiene del sueño adecuada. Es decir, estabiliza el patrón de sueño, duerme al menos seis horas ininterrumpidas, mantén tu cuarto limpio, con una buena temperatura, no tengas luces encendidas ni mires el celular antes de dormir.

¡Resplandecerás!

Notas Personales:

Día 2
La Unión

*E*ra un hermoso domingo en la tarde cuando caminé hacia el altar. Mi prometido me esperaba con una gran sonrisa. Cuando llegó el momento, nos tomamos de la mano y nos colocamos los anillos mientras repetíamos estas palabras: «Este anillo es símbolo del pacto que hoy hago contigo...».

El anillo de boda es una representación visible de la unión consciente y voluntaria que establecemos con otra persona. Sin embargo, en la vida existen también otros tipos de alianzas, unas que, a diferencia de esta hermosa unión matrimonial, hacemos de forma inconsciente y pueden traer consigo una gran destrucción. Mi anhelo es que cuando las descubramos podamos deshacerlas y volvernos más prudentes con los pactos que hacemos.

Una Historia Verdadera

Moisés fue elegido por Dios para liberar a su pueblo de la esclavitud y llevarlo hacia una nueva tierra llamada Canaán. Ese lugar no estaba deshabitado, sino que allí vivían varios pueblos cuyas costumbres ofendían a Dios. Por lo tanto, Dios dio instrucciones precisas para cuando llegaran a ese lugar:

«Cuando Jehová tu Dios te haya introducido en la tierra en la cual entrarás para tomarla, y haya echado de delante de ti a muchas naciones, al heteo, al gergeseo, al amorreo, al cananeo, al ferezeo, al heveo y al jebuseo, siete naciones mayores y más poderosas que tú, y Jehová tu Dios las haya entregado delante de ti, y las hayas derrotado, las destruirás del todo; no harás con ellas alianza, ni tendrás de ellas misericordia» (Deuteronomio 7:1-2).

Dios le había prometido a Su pueblo una tierra increíble donde fluía leche y miel. Pero todavía ese lugar prometido era el hogar de pueblos más fuertes y grandes que ellos. Uno de los pueblos que vivían allí eran los heteos, una nación que les provocaba terror a sus enemigos.

No sé si estás de acuerdo conmigo, pero creo que el terror o el temor es de los peores enemigos que podemos enfrentar en la vida. **Cuando el temor se establece en nosotros, la angustia no es un visitante, sino que se vuelve un inquilino.** El temor boicotea nuestra paz y nos mantiene agobiados. Afecta todo nuestro ser: mente, cuerpo y espíritu. Sin duda, como dijo Dios del pueblo heteo, el temor es un enemigo grande y poderoso. Sin embargo, no podemos olvidar que Dios también declara que lo ha entregado delante de Sus hijos para que lo derroten y destruyan.

Dios le dijo a Su pueblo: «Desde el desierto y el Líbano hasta el gran río Éufrates, toda la tierra de los **heteos** hasta el gran mar donde se pone el sol, será vuestro territorio» (Josué 1:4, énfasis mío).

El temor NO tiene autoridad sobre nosotros. Así como Dios entregaría a los heteos que infundían terror en manos de Sus hijos, Él nos ha dado autoridad para vencer cualquier temor. Sin embargo, Dios le ordenó algo a Su pueblo que nosotros también debemos hacer:

> **«No harás alianza con ellos»**
> (Deuteronomio 7:2, lbla, énfasis mío).

Imagina que caminas hacia el altar para hacer un pacto tal como yo lo hice el día de mi boda. Sin embargo, quien te espera en el altar es un personaje que te infunde mucho temor; en lugar de amor solo te provoca terror. Te pregunto: «¿Harías alianza o saldrías corriendo?». ¡Seguramente escaparías!

Imaginarlo de forma gráfica nos ayuda a entender cuál debe ser nuestra actitud resuelta, urgente y decidida frente al temor. No podemos caminar hacia él, no podemos darle lugar en nuestra vida, no podemos entregarnos a él. Si hacemos alianza con el temor, aun cuando Dios lo haya vencido, tristemente nos destruirá. Por eso Dios es tan enfático al decirnos: «¡No harás alianza con ellos!».

No hagas alianza con el Temor.

No podemos permitir que el temor haga estragos en nuestra mente por las noches, que ante cualquier situación se apodere de nuestros pensamientos, y que nos dicte el futuro al enfrentar cualquier adversidad. ¡No lo podemos permitir! Dios ha sido claro: «Derrótalo, destrúyelo y no hagas alianza con él».

Hay personas que se pasan la mayoría de las horas del día temiendo, transcurren los años y viven abrazados al temor. No lo permitas más, **es hora de divorciarte del temor y hacer alianza con la fe**, ese lugar seguro donde tu alma encuentra reposo.

> «¡Sé fuerte y valiente! No tengas miedo ni te desanimes, porque el
> Señor tu Dios está contigo dondequiera que vayas»
> (Josué 1:9, ntv).

Para hacer alianza con la fe y que se acreciente en nuestra vida es totalmente necesario que nos expongamos diariamente a la Palabra de Dios.

> «Así que la fe es por el oír, y el oír, por la palabra de Dios»
> (Romanos 10:17).

A pesar de que leer la Palabra de Dios es algo tan fácil de hacer, no lo ponemos en práctica con la frecuencia y el compromiso que debiéramos. Dedicamos horas alimentando nuestros pensamientos de temor y ni siquiera unos minutos para nutrirnos con la Palabra de Dios, que nos llena de vida y seguridad. Lee con regularidad la Palabra de Dios y **memorízala.** Ese es el alimento de la fe.

La fe se alimenta con la Palabra.
La ansiedad se alimenta con el temor.
Provéele a tu mente el alimento correcto.

Jehová es tu verdadero novio. Has alianza con Sus promesas. Permite que sea Él, y no el temor, quien coloque el anillo en tu dedo y te proteja siempre. Haz un pacto eterno con Dios, y cada vez que el temor venga a tratar de amedrentarte, mira tu anillo, recuerda tu alianza, pon tus ojos en Aquel a quien te has estregado, a quien has creído, y permanece firmemente unido a Él. Su anhelo y trabajo es protegerte, el tuyo es no hacer alianza con el temor, sino confiar con fe en tu Redentor.

Divórciate del temor; has alianza con la fe.

Oración

Padre, perdóname por haberme aliado por tanto tiempo con el temor. Hoy hago un pacto contigo. Gracias por concederme el privilegio de hacerme Tu novia. Entrego mi mente por completo a Ti y me comprometo a alimentar mi fe con Tu Palabra, que es la verdad liberadora que me sostiene
Por Jesús. Amén.

 ### Hábito de Vida:

Los niveles bajos de vitamina B en el cuerpo están relacionados con la depresión, por lo que es importante que monitores tus niveles de vitamina B y la consumas diariamente. Verifica que el Complejo B que ingieras contenga B12 y B6, ya que relajan el sistema nervioso.

Notas Personales:

Día 3
Solo una cosa por hacer

Mis tíos viven en un hermoso lugar lleno de vegetación. Desde la terraza de su casa se puede contemplar un lago y una gran fuente de agua en medio. Es un lugar muy relajante en el que disfruto mucho estar. Sin embargo, la realidad es que cuando el temor llena nuestra vida, podemos estar en el lugar más calmado y aun allí sentirnos intranquilos.

Así estaba yo, sentada en la hermosa terraza, pero con la mente agobiada. Tomé mi Biblia y le pedí a Dios que hablara a mi vida. Realmente lo necesitaba. De inmediato sentí la voz del Espíritu Santo decirme: «Salmos 23». Tengo que confesar que me sentí algo desilusionada, porque la verdad es que se trata de un salmo muy conocido y hasta lo sé de memoria. No entendía qué de nuevo podría haber allí para mí que realmente trajera paz a mi corazón.

No podía estar más equivocada. Ese día Dios me hizo entender algo extraordinario que realmente necesitaba comprender y que hoy compartiré contigo.

Una Historia Verdadera

No sé cuál de los muchos momentos difíciles estaba atravesando el salmista cuando escribió este salmo, pero sin lugar a dudas y más allá de la situación específica, lo que se manifiesta en estos versos es una poderosa verdad capaz de cambiarnos para siempre.

> «El Señor es mi pastor; tengo todo lo que necesito.
> En verdes prados me deja descansar;
> me conduce junto a arroyos tranquilos.
> Él renueva mis fuerzas.
> Me guía por sendas correctas, y así da honra a su nombre.
> Aun cuando yo pase por el valle más oscuro, no temeré,
> porque tú estás a mi lado.
> Tu vara y tu cayado me protegen y me confortan.
> Me preparas un banquete en presencia de mis enemigos.
> Me honras ungiendo mi cabeza con aceite.
> Mi copa se desborda de bendiciones.
> Ciertamente tu bondad y tu amor inagotable
> me seguirán todos los días de mi vida,
> y en la casa del Señor viviré por siempre»
> (Salmos 23:1-6, ntv).

Muchos conocen que este salmo muestra a dos personajes: el pastor que representa a Dios y la oveja que nos representa a cada uno de nosotros. Una lectura atenta nos permite encontrar diez acciones que se llevan a cabo en esta estrecha relación de cuidado. Sin embargo, nueve de esas acciones son realizadas por el pastor y solo una le corresponde a la oveja. El pastor: (1) nos lleva a descansar, (2) nos conduce a la tranquilidad, (3) renueva nuestras fuerzas, (4) nos guía, (5) protege, (6) conforta, (7) prepara banquete para nosotros, (8) unge nuestra cabeza y (9) hace que Su bondad y amor nos sigan.

Por otro lado, el salmista solo nos asigna una responsabilidad a nosotros las ovejas: «Aun cuando yo pase por el valle más oscuro, **NO TEMERÉ, porque tú estás a mi lado**» (Salmos 23:4, ntv, énfasis mío).

Mientras Dios hace todo lo difícil y hasta lo que es imposible para mí, yo solo debo encargarme de una cosa: *NO TEMER*.

Es común escuchar la siguiente frase: «Toda relación debe ser un 50/50», como queriendo decir que las relaciones deben ser equitativas para que sean justas. Sin embargo, esta relación entre el pastor y la oveja no tiene nada de 50/50. Es más bien una relación 90/10, donde casi todo lo da el pastor. Vuelvo a repetir, la única responsabilidad que tiene la oveja es NO temer. Les confieso que cuando el Espíritu me enseño esto, abrí mis ojos grandes y con mucha honestidad pensé: *Dios mío, lo único que tengo que hacer, NO lo hago.*

Mi única responsabilidad en esta relación es confiar en Ti y no temer... ¡y no lo hago!

¿Por qué se nos hace tan difícil no temer? ¿Por qué nos cuesta tanto descansar en la confianza de que Dios controla todo y ha prometido permanecer con nosotros? ¿Qué es lo que nos pasa?

Hace unos días hablaba con una mujer que cualquiera pensaría que tiene todo para ser plenamente feliz. Tiene un matrimonio estable, hijos que la han honrado, gozan de estabilidad económica, buena salud y sobre todo de una vida en Cristo. Sin embargo, ella me contaba que por años ha luchado con pensamientos catastróficos, siempre asustada pensando que algo terrible le acontecerá a ella o los que ama. El temor la asalta de tal forma que no puede dormir. ¡Se le va la vida temiendo!

Satanás quiere que se nos vaya la vida atrapados en el temor. El torturador sabe que no puede tocar tu vida, pero puede lanzarle dardos a tu mente al punto de que, aun siendo una oveja del Pastor Todopoderoso, te sientas atrapada, frágil y triste, como si estuvieras completamente sola. El enemigo es un engañador y crea un escenario tenebroso para que creas que vives en ese lugar oscuro y solitario. Podrías ser una oveja que está viviendo bajo el cuidado del Pastor, pero aun así te sientes desamparada, porque aunque estás en un lugar seguro, tu mente ha creído que vives en otro lúgubre y sombrío.

Es hora de ordenarle a tu mente que salga del escenario que Satanás ha creado para ti y de que abras tus ojos para que veas con alegría el verdadero lugar donde eres cuidado por el Pastor. Él es quien te lleva a descansar, te conduce a un lugar de paz, renueva tus fuerzas, te guía, te protege, te conforta, prepara un banquete para ti, unge tu cabeza y hace que Su bondad y amor te sigan. No le des más espacio al temor en tu vida. Esto es lo único que tenemos que hacer, y de ahora en adelante lo haremos bien.

Mi única responsabilidad es NO temer.

Oración

Gracias por todo lo que haces por mí, buen Pastor. Hoy renuncio a la mentira que me hace permanecer triste y abro mis ojos a la Verdad. Yo vivo bajo Tu cuidado, guía, protección y bendición, por tanto, haré lo único que me toca hacer: NO TEMERÉ
Por Jesús. Amén.

Hábito de Vida:

Regula tu patrón alimenticio. Dispón las horas específicas en las que comerás y si es necesario, pon tu alarma para no saltarte comidas. Diariamente, ten una ingesta significativa de frutas y vegetales y disminuye el consumo de azúcar. La sana alimentación y el estado anímico están íntimamente relacionados, por lo que debes prestar especial atención a esta área de tu vida.

¡Resplandecerás!

Notas Personales:

....

....

....

....

....

....

....

....

....

....

....

....

....

....

....

....

....

....

....

....

....

Día 4
¿Qué será de mí?

*E*n una ocasión, le dije temerosa al Señor: «Yo sé que lo sabes todo. El problema es que aunque Tú lo conoces, ¡yo no! Eso me hace sentir muy nerviosa».

De seguro también te has sentido como yo en algún momento. Sabes que Dios conoce todo, pero el problema es que tú no, y eso te confronta con la realidad de que no tienes el control de la situación y te llenas de ansiedad.

La ansiedad se genera ante lo desconocido. Cuando hay algún suceso cuya resolución es incierta o podría desembocar en algo negativo, nuestro cuerpo comienza a prepararse para el golpe que pueda recibir, liberando neurotransmisores y hormonas que nos hacen sentir mal. Muchas veces ese tiempo de preocupación dura tanto que provoca que el cuerpo se debilite y enferme. Ataques de pánico, palpitaciones, migrañas y trastornos de la alimentación o del sueño son solo algunas de las muchas consecuencias negativas que podemos experimentar.

Por eso es tan importante que entendamos lo que aprenderemos hoy. Es cierto que hay cosas que no podemos controlar, pero Dios nos ha concedido un poderoso regalo para no vivir siendo víctimas de la preocupación o el temor ante un futuro incierto.

Una Historia Verdadera

Luego de resucitar, Jesús se les apareció a los discípulos y tuvieron una muy reveladora conversación:

«Entonces los que se habían reunido le preguntaron, diciendo: Señor, ¿restaurarás el reino a Israel en este tiempo? Y les dijo: No os toca a vosotros saber los tiempos o las sazones, que el Padre puso en su sola potestad; pero recibiréis poder, cuando haya venido sobre vosotros el Espíritu Santo, y me seréis testigos en Jerusalén, en toda Judea, en Samaria, y hasta lo último de la tierra» (Hechos 1:6-8).

¿Cuántos de nosotros desearíamos conocer los tiempos, es decir, el futuro? Saber si la persona con la que nos vamos a casar será realmente con la que seremos felices, saber si los síntomas que experimentamos son por una enfermedad peligrosa o si son solo malestares pasajeros, saber si las decisiones que estamos tomando en relación a nuestros hijos o el trabajo tendrán un resultado positivo o no. ¡Definitivamente, creo que todos nosotros desearíamos conocer el futuro!

Los discípulos, al igual que nosotros, tenían una inquietud con relación al futuro, por lo que sabiendo que Jesús conoce todo, le hacen la siguiente pregunta: «¿Restaurarás el reino?». La respuesta de Jesús es bien interesante y reveladora: «No os toca a vosotros saber los tiempos». Jesús está siendo muy claro cuando señala nuestros límites humanos. No nos toca conocer los tiempos, no nos corresponde saber el futuro, no es nuestro derecho conocer lo que nos sucederá. Sin embargo, nuestro amado Jesús no se detiene en esta frase. Él continúa diciendo algo muy poderoso. Jesús nos enseña que, aunque no nos corresponda conocer el futuro, ¡los hijos de Dios RE-CIBIMOS PODER cuando el Espíritu Santo llega a nosotros! Por lo tanto, aunque no se nos ha concedido la facultad de conocerlo todo.

¡Sí se nos concede el PODER para vencerlo todo!

¡Qué maravilloso poder nos ha sido dado! Dios nos ha entregado la mejor parte. Dime qué es mejor: ¿conocerlo todo, pero no tener el poder para sobrellevarlo, o no conocerlo, pero tener el poder para vencerlo? Hay atributos que solo le pertenecen a Dios, como el de ser omnisciente. ¿Te imaginas vivir en un mundo con tanta maldad en el que se le hubiera concedido a los seres humanos conocer todas las cosas? Sería una realidad insoportable. Además, seamos honestos al responder esta pregunta, ¿de verdad conocer el futuro nos generaría paz? ¿Saber todo lo que nos va a pasar, cada acontecimiento difícil, cada infortunio?

Creo que Dios en Su sabiduría nos va sanando y equipando para sobrellevar cada suceso de la vida. Dios sabe lo que es mejor y ha hecho a Su creación con límites, pero lo importante es que a Sus hijos nos ha concedido el poder sobrenatural por medio de Su Espíritu para vencer lo conocido y lo desconocido.

Esto es justamente lo que necesitamos entender ante cada situación que enfrentamos en la vida: aunque no lo sepamos todo, aunque el futuro sea desconocido, estamos bajo el cuidado de un Dios que sí lo conoce todo, sabe usar todo lo que nos sucede para nuestro bien, y nos ha investido del Poder que necesitamos para poder enfrentar cualquier adversidad con valentía y fe.

No necesitamos saber todo lo que vendrá, sino tener la certeza de que tenemos el PODER para superarlo. Ese es el regalo que recibieron los apóstoles, ese es el regalo que recibimos tú y yo cuando le entregamos nuestras vidas a Jesús como nuestro salvador personal. No tienes que saberlo todo, solo saber que tienes el poder para enfrentarlo.

*Recibirás poder para enfrentar
todo lo que tengas que enfrentar en la vida.*

Oración

Padre, gracias por lo que me has enseñado hoy. Ciertamente me llena de paz y alegría saber que aunque no conozca cada lucha que enfrentaré en el futuro, algo sí me has hecho comprender, y es que en cada de una de ellas saldré victorioso porque me has dado el poder para vencer. Gracias por Tu Espíritu Santo.
Por Jesús. Amén.

Hábito de Vida:

Ambienta el camino de la casa al trabajo y del trabajo a la casa. A veces queremos ir todo el camino escuchando noticias. Sin embargo, muchas de estas noticias pueden traer a nuestra vida una preocupación excesiva. Así como no es necesario conocer el futuro, no es necesario tampoco conocer todo lo que sucede en el presente. Por eso, procura escuchar música, audiolibros, o programas radiales que te relajen.

En la oscuridad, ¡Resplandecerás!

Notas Personales:

....

....

....

....

....

....

....

....

....

....

....

....

....

....

....

....

....

....

....

....

....

....

....

....

Día 5
No se calla

Quizás eres de las personas a las que les gusta hablar mucho, o eres más bien introvertido y te sientes más cómodo escuchando. Ya sea que seamos callados o habladores, en todos hay una parte de nuestro ser que casi todo el tiempo está hablando, y es nuestra alma. El alma es la parte del ser donde residen nuestras emociones. Allí es donde experimentamos nuestras inseguridades, preocupaciones o temores.

Lamentablemente, su voz es tan fuerte como inconstante; así como el viento, que se mueve de aquí para allá, sintiéndose de una manera en un momento y de otra totalmente diferente en otro momento. Quizás te ha sucedido que escuchas un mensaje hoy y te llenas de fortaleza y esperanza, pero al día siguiente te vuelves a sentir frágil e inseguro. Sin duda, esa inconstancia de nuestra alma puede generar en nosotros intranquilidad. ¿Qué podemos hacer para sujetarla?

Una Historia Verdadera

El salmista seguramente se sintió tan abrumado por su alma como nos sentimos nosotros en ocasiones. Sin embargo, él revela un lugar donde su alma se acallaba y aquietaba.
«En Dios solamente esta acallada mi alma»
(Salmos 62:1 rv60, énfasis mío).

¡Qué maravilloso es encontrar un lugar donde nuestros pensamientos se aquietan, nuestras emociones se someten y nuestra mente encuentra reposo! Si alguna vez has visitado un «spa», te habrás percatado de que desde que llegas el ambiente está preparado para relajarnos. La luz es tenue, la música tranquila y la camilla confortable. En la medida que el masaje o tratamiento va avanzando, tu cuerpo debe ir relajándose y experimentando calma. Lo que dice el salmista me hace pensar que la presencia de Dios era para él como entrar en un «spa» para el alma. Un lugar donde finalmente encuentra quietud y paz.

> «En Dios solamente *espera* en silencio mi alma;
> De Él *viene* mi salvación.
> Solo Él es mi roca y mi salvación,
> Mi baluarte, nunca seré sacudido [...]
> Alma mía, espera en silencio solamente en Dios,
> Pues de Él *viene* mi esperanza.
> Solo Él es mi roca y mi salvación,
> Mi refugio, nunca seré sacudido
> (Salmos 62:1-2, 5-6, nbla).

Seguramente te ha sucedido que cuando algo realmente te preocupa, no importa si estás estudiando, trabajando, limpiando, ejercitándote o tratando de dormir, ese pensamiento de inquietud no cesa. En esos momentos sabemos que practicar técnicas de relajación resulta insuficiente, necesitamos acudir a una presencia como la que buscaba el salmista. Una presencia que nos salve, necesitamos ir a una roca que sea más fuerte y más alta que nosotros mismos, un refugio seguro que nos brinde esperanza y de quien venga el poder que nos falta.

El salmista descubrió que esa persona es Dios y que si se concentraba en quién es Él en su vida, en lugar de en su situación, su alma finalmente se acallaba.

Conocer y afirmar quién es Dios en medio de nosotros es lo que verdaderamente trae sanidad, dirección y paz a nuestro ser. Mientras permitimos que nuestra alma se enfoque en sí misma, en su debilidad, inconstancia y temores, permaneceremos ansiosos. Pero si seguimos el ejemplo del salmista y hacemos de Dios nuestro refugio, entonces descubriremos que ningún viento por fuerte que sea podrá sacudirnos y nuestra alma encontrará descanso en esa seguridad.

«Bendice, alma mía, a Jehová,
Y bendiga todo mi ser su santo nombre.
Bendice, alma mía, a Jehová,
Y no olvides ninguno de sus beneficios.
Él es quien perdona todas tus iniquidades,
El que sana todas tus dolencias;
El que rescata del hoyo tu vida;
El que te corona de favores y misericordias;
El que sacia de bien tu boca
De modo que te rejuvenezcas como el águila»
(Salmos 103:1-5).

¡Qué importante hacer lo que hacía David! Si alguna vez has seguido algún régimen alimenticio, seguramente pasaste por la experiencia de que tu cuerpo te pidiera algo que no debías comer, y en ese momento tuviste que tomar una decisión entre permitir que el deseo te dominara o tú dominarlo y dirigirlo a lo que sabías que era mejor.

De esta misma forma, aun cuando el salmista debió haberse sentido triste, agobiado y perdido en muchas ocasiones, él decidió darle dirección a su alma. Eso es exactamente lo que tú y yo debemos hacer, necesitamos pararnos de frente a nuestra alma con todas sus emociones inconstantes, temores e inquietudes y decirle firmemente: «Sé cómo te sientes y no lo ignoro, pero escucha bien lo que te voy a decir: ahora te vas a enfocar en lo que es necesario para mi sanidad y mi paz. Vamos a mirar a Cristo. ¡Vas a mirar a Cristo!

Vas a confiar en que Él tiene un Plan que tú y yo no podemos superar y tiene el Poder para cumplirlo. ¡Miraremos a Cristo!

Quiero invitarte a hacer esto cada día de tu vida. Disciplínate en llevar a tu alma a la verdad de Dios. Pienso que el tiempo con Dios es algo muy personal. Hay quienes les piden a otros que cuando se acuerden oren por ellos, y claro eso es bueno, pero no puede sustituir tu tiempo personal con Dios. Es como las vacaciones, tú no le pedirías a alguien que vacacione por ti, porque quien necesita descansar eres tú. Tampoco le pedirías a alguien que coma por ti, porque te morirías de hambre. Hay cosas que no se pueden delegar de ninguna manera. Entrar a la presencia de Dios es una de ellas. Tu alma es la que requiere sanidad, dirección y paz. Por eso, dirígela a la presencia de Dios y verás cómo tu alma se acalla y descansa.

Dirige tu alma a mirar a Cristo.

Oración

Padre, gracias por enseñarme que no tengo que vivir a expensas de un alma inconstante y temerosa, sino que puedo someter cada parte de mi ser en Tu presencia para encontrar estabilidad y calma. **Por Jesús.** Amén.

Hábito de Vida:

Desarrolla el hábito de leer la Palabra de Dios con una libreta donde puedas anotar aquellas promesas que te ayuden a rebatir cualquier pensamiento o emoción que tu alma inconstante pueda presentar. Por ejemplo, tomando Salmos 62, escribiría:

Mi alma puede decir: «Ya no hay solución», pero la Palabra dice que Dios es mi salvación. Mi alma puede decir: «Tú no puedes con esto», pero la Palabra dice que Dios es mi roca. Mi alma puede decir: «Estás sola, nadie te defenderá», pero la Palabra afirma que Dios es mi refugio. Mi alma puede decir: «Se te acabaron las opciones», pero la Palabra declara que Dios es mi esperanza. Mi alma puede decir: «Ya la ciencia o el psiquiatra no puede hacer nada más», pero la Palabra dice que el Poder viene de Dios.

Notas Personales:

Mi Tiempo

Esta semana hemos comprendido el daño que hace en nuestra vida el temor. Es por esto que te invito a identificar cuáles son tus temores, luego los escribirás en los espacios provistos y se los entregarás a Dios, confiando en que así como esta cadena es rota, cada uno de esos temores perderán autoridad en tu vida.

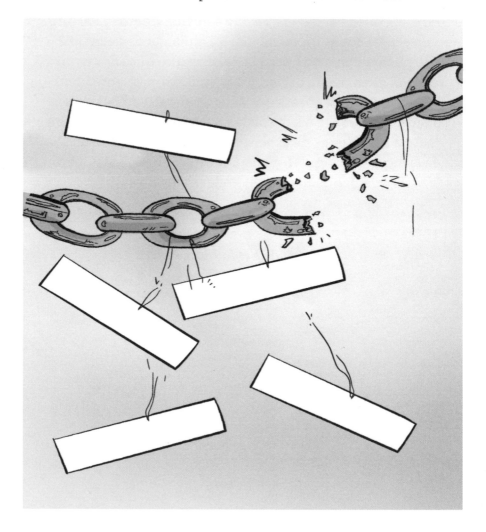

¡Resplandecerás!

Notas Personales:

....

....

....

....

....

....

....

....

....

....

....

....

....

....

....

....

....

....

....

....

....

....

....

....

....

Semana 5
¡Buenas noticias!

Introducción

No sé cuántas malas noticias hayas escuchado este año o durante toda tu vida, pero Dios ha venido a darte buenas nuevas.

«Él me ha enviado para anunciar a los que se lamentan que ha llegado el tiempo del favor del Señor [...] A todos los que se lamentan en Israel les dará una corona de belleza en lugar de cenizas, una gozosa bendición en lugar de luto, una festiva alabanza en lugar de desesperación. Ellos, en su justicia, serán como grandes robles que el Señor ha plantado para su propia gloria» (Isaías 61:2,3, ntv).

Más allá de nuestra situación actual, ya sea en medio de la ceniza, el luto o la desesperación, Dios es capaz por medio de Su enseñanza y poder de llenarnos de belleza, gozosas bendiciones y alabanza. Indistintamente de cómo te hayas llamado a ti mismo hasta hoy —«deprimido», «ansioso», «desamparado» o «frágil»— Dios ha venido a darte un nuevo nombre: gran roble que Él mismo ha plantado para Su gloria.

Hay momentos en la vida en los que no comprendemos cómo Dios hará esto, pero al igual que el ángel les dijo a los pastores: «No tengan miedo [...] Les traigo buenas noticias que darán gran alegría a toda la gente» (Lucas 2:10, ntv), así Dios te dice a ti hoy. No tienes que entender cómo lo hará, solo recibe las Buenas Noticias y créelas con todo tu corazón.

«Pues estoy a punto de hacer algo nuevo. ¡Mira, ya he comenzado! ¿No lo ves? Haré un camino a través del desierto; crearé ríos en la tierra árida y baldía» (Isaías 43:19, ntv).

No dudes de que Dios hará algo nuevo y maravilloso en ti.

Día 1
Lo que no debes olvidar

*H*ace unos meses una querida amiga sufrió una caída y la tuvieron que enyesar. A los días de tener su brazo inmovilizado comenzó a sentir mucha ansiedad, al punto de experimentar un ataque de pánico. Se sentía sumamente incómoda y quería arrancarse el yeso y salir corriendo. Diferentes circunstancias personales la abrumaban, y esta situación era como la última gota que terminó por colmar su paciencia. En medio del ataque de ansiedad que comenzó a experimentar, sintió la voz de Dios en su corazón que la invitaba a pensar en todo lo bueno que Él le ha dado. Mi amiga obedeció y empezó a nombrar cada regalo hermoso que Dios le había entregado. Agradeció por sus hijos, su casa, su trabajo y así sucesivamente, mencionando muchas bendiciones que rodeaban su vida. Poco a poco su ansiedad fue disminuyendo hasta que quedó en completa calma.

¡Es maravilloso lo que una actitud de agradecimiento puede hacer en nuestro estado anímico! Así como pensar en lo que nos incomoda trae sentimientos de desdicha e inquietud, pensar en lo bueno que tenemos propicia que nos sintamos dichosos y en paz.

¿Por qué dar gracias provoca que nos sintamos bien?

> «Entremos por sus puertas y por sus atrios con alabanzas y con acción de gracias; ¡Alabémosle, bendigamos su nombre!» (Salmos 100:4, rvc).

Todos los que hemos experimentado la presencia de Dios sabemos que algo sobrenatural nos acoge. Hay una paz que sobrepasa lo humano, un gozo que logra fortalecernos en medio del dolor, hay plenitud. El salmista revela una verdad muy importante en este verso, y es que a la presencia de Dios se entra dando gracias. Esa es la llave que abre la puerta para experimentar la presencia de Dios: ¡dar gracias!

Sin embargo, si en lugar de agradecer estamos la mayor parte del tiempo enfocados en lo que nos molesta, en lo que no tenemos, quejándonos, o con una actitud de insatisfacción constante, no hay forma de que podamos entrar a la presencia de Dios

En estos días, una mujer de la audiencia me escribió diciéndome que debido a ciertas experiencias negativas que ha vivido, no quiere saber nada de nadie. ¡Expresaba mucha amargura en sus declaraciones! Escribió varios párrafos que contenían una gran lista de quejas, y finalizó diciendo que ya no sentía a Dios.

Me dio mucha tristeza leer su mensaje, pero estoy segura de que la causa por la que no siente a Dios es justo porque no ha entendido que es el agradecimiento lo que nos permite entrar en Su presencia.

Si anhelamos experimentar paz, gozo y libertad, en lugar de ansiedad, tristeza o resentimiento, debemos dejar de quejarnos y redirigir nuestra mirada a Dios en gratitud.

¡Da gracias!

¡Nuestra vida está llena de grandes bendiciones! El problema es que no siempre las vemos. Eso es triste, porque detrás de todo lo que hemos recibido hay Alguien que nos ama y merece nuestro agradecimiento.

Es muy posible que alguna vez hayas servido a alguien con mucho amor y esa persona no fuera capaz de ver todo lo bueno que hiciste por ella. Es aún más triste cuando esa persona permanece enfocada en lo malo que pudo haber visto en ti, a pesar de todas tus cualidades y virtudes. ¡Cuán tristes eso nos hace sentir! En primer lugar, porque no es capaz de ver cuánto le amamos y nuestro sacrificio y, en segundo lugar, porque en vez de disfrutar lo que recibe, vive desdichada.

Creo que eso es exactamente lo que nos sucede con Dios, solo que en esta ocasión somos nosotros quienes estamos del otro lado. En medio de tantas bendiciones que recibimos de Él, nos aferramos a estar enfocados en lo que no tenemos o en lo malo que nos sucede en la vida. Este continuo enfoque en lo negativo, además de hacernos mucho daño, también es injusto con Dios. Creo sinceramente que Dios se entristece cuando no vemos Su bondad, y estoy convencida de que debemos pedirle perdón por nuestra actitud de ingratitud.

Dios ha sido tan bueno con nosotros, tan desmedido en Su amor y tan consistente, que ignorarlo es algo por lo que realmente debemos arrepentirnos.

«Porque de tal manera amó Dios al mundo, que ha dado a su Hijo unigénito, para que todo aquel que en él cree, no se pierda, mas tenga vida eterna» (Juan 3:16).

Al pensar en el regalo tan maravilloso, supremo e inmerecido de la vida eterna, y en el gran costo que Jesús pagó, tenemos que reconocer que:

¡SOMOS EL RECIPIENTE DE UN AMOR GRANDE E INCOMPARABLE!

Cuando nos sabemos amados, nos sentimos felices, por eso es importante enfocarnos en el amor de Dios en lugar de en cualquier rechazo o indiferencia que puedas haber recibido de

otras personas. **Eso hará de ti una persona dichosa.** Estoy segura de que si la mujer que me escribió se enfocara en el gran amor de Cristo por ella en lugar de en el rechazo de otros, encontraría en esa aceptación el gozo y la plenitud que su alma necesita.

Por supuesto, ser agradecidos no significa que no debamos presentarle a Dios nuestro dolor o peticiones. Dios anhela que nos sinceremos con Él y le compartamos nuestras necesidades, porque somos Sus hijos. Sin embargo, no podemos limitar nuestro tiempo con Dios solo a pedir o mostrar nuestra tristeza, sino debemos asumir una actitud de agradecimiento aun en medio de la presentación de nuestras peticiones.

«No se preocupen por nada. Que sus peticiones sean conocidas delante de Dios en toda oración y ruego, **con acción de gracias**» (Filipenses 4:6, rvc, énfasis mío).

Le podemos llamar a esto «las dos listas». Dios nos enseña que cuando vayamos a Él, podemos sentirnos con la confianza de presentarle nuestra lista de peticiones e inquietudes, pero sin olvidarnos nunca de la otra lista... ¡una llena de agradecimiento!

«[Vivan] arraigados y sobreedificados en él, confirmados en la fe y rebosantes de acciones de gracias, que es como fueron enseñados» (Colosenses 2:7, rvc).

¡Vaya!, «rebosantes de acciones de gracias» es una descripción muy específica. No se trata de un agradecimiento limitado, ¡sino de uno que se desborda! Así se le enseñó a la iglesia primitiva y así debemos continuar en la iglesia de este siglo XXI. ¡Tenemos muchas razones para estar agradecidos, comenzando por la bendición de existir y haber recibido el regalo inmerecido de la vida eterna! Nuestro corazón debe rebosar de agradecimiento, porque Dios ha sido y sigue siendo bueno y Su misericordia es para siempre. Él está con nosotros y nos ama. Esa es la dirección que debe tomar nuestro corazón.

Así como mi amiga empezó a sentir paz en medio de su ansiedad al enfocarse en todo lo bueno que había recibido de Dios, así también tú y yo seremos libres de la preocupación cuando obedezcamos este mandato y empecemos a agradecer. Es indudable que el cuerpo reacciona ante nuestros pensamientos. Si anhelamos un cuerpo sano y una mente llena de paz, seamos agradecidos. Aun en medio de las situaciones difíciles que podamos estar enfrentando, enfoquémonos en el bien que hemos recibido.

Aumentar el agradecimiento, disminuye la ansiedad.
¡Da gracias!

Oración

Padre, perdóname cuando a pesar de todo lo bueno que has hecho por mí y me has dado, me he obstinado en permanecer aferrado a mis pensamientos de dolor e inquietud. Estoy agradecido por toda Tu bondad. Gracias por Tu salvación y porque has sido extraordinariamente bueno conmigo. Espíritu Santo, ayúdame a mantenerme agradecido y enfocado en todo lo bueno que he recibido de Dios.

Por Jesús. Amén.

Hábito de Vida:

Cada mañana antes de levantarte y cada noche al acostarte, haz una lista mental o escrita de gratitud. ¡Agradécele a Dios por cada una de Sus bendiciones! Enséñale esto también a tu familia.

Notas Personales:

....

....

....

....

....

....

....

....

....

....

....

....

....

....

....

....

Día 2

Kintsukuroi

*H*ace un tiempo escuché sobre una maravillosa técnica utilizada en Japón para reparar vasijas rotas. La técnica se llama *Kintsuku-roi,* y se basa en reparar con oro y otros metales de valor aquello que ha sido quebrado. En lugar de usar pegamento o sencillamente descartar la vasija, el artesano toma la pieza rota y comienza a restaurarla con oro. Al finalizar el trabajo, la vasija es una pieza única y valiosa porque sus grietas, ahora sanadas, la han hecho distinta a todas las demás. Aquí te muestro una imagen de una vasija que ha sido restaurada utilizando esta técnica.

Creo que vivimos en una sociedad que realmente es más dada a descartar que a sanar. Si algo se rompe, se bota; si algo no funciona, se sustituye; si algo ya no satisface, se descarta. Por eso encontrarnos con técnicas como estas me parece fascinante.

Cuando era niña me encantaba coleccionar unas figuras llamadas «Precious Moments». ¡Mi cuarto estaba repleto de ellas! Era fácil para todos regalarme algo en mi cumpleaños o Navidad, porque llevarme algún detalle de esa colección era el regalo perfecto para mí. Un día, una ancianita de nuestra congregación entró a mi habitación y al tomar una de las figuras, se le cayó y se rompió. Tomé la pieza en mis manos y aunque le dije rápidamente que no se preocupara, no les puedo explicar la tristeza que sentí. Recuerdo que la señora me aseguró que me compraría otra, y mi mamá me dijo que no me preocupara pues tenía muchas más, pero la realidad es que para mí cada pieza era significativa, cada una tenía un valor y un significado distinto. Ninguna era sustituible.

Ese amor es justo el que percibo en el artesano que diseñó la técnica que les muestro hoy, uno que no descarta, uno que ve el valor de cada pieza, uno que es capaz de reparar lo quebrado añadiéndole valor.

¿Recuerdas que en el libro *Una vida mejor* comencé relatando la historia de una mujer que siendo muy joven se quedó sola con su hija? Al igual que la vasija rota quedó muy quebrada. En aquella ocasión, te hable sobre la pérdida y el profundo dolor que experimentó por el abandono de su esposo, al punto que sintió que perdía la cordura y hasta las ganas de vivir.

Sin embargo, hay una parte de la historia que no les conté, porque ahora es el momento de compartirla contigo. En medio de aquella crisis tan difícil, Dios habló al corazón de esta mujer a través de la Palabra. Léela con atención, porque es para cada uno de los hijos de Dios:

«Porque tu marido es tu Hacedor; Jehová de los ejércitos es su nombre; y tu Redentor, el Santo de Israel; Dios de toda la tierra será llamado. Porque como a mujer abandonada y triste de espíritu te llamó Jehová, y como a la esposa de la juventud que es repudiada, dijo el Dios tuyo [...] Pobrecita, fatigada con tempestad, sin consuelo; **he aquí que yo cimentaré tus piedras sobre carbunclo, y sobre zafiros te fundaré. Tus ventanas pondré de piedras preciosas, tus puertas de piedras de carbunclo, y toda tu muralla de piedras preciosas.** Y todos tus hijos serán enseñados por Jehová; y se multiplicará la paz de tus hijos»
(Isaías 54:5-6, énfasis mío).

¡Vaya! ¡Qué promesa tan esperanzadora! ¡Qué Dios tan fiel!

Dios se acerca con ternura al dolor de una mujer hecha pedazos para establecer una promesa: «*Yo cimentaré tus piedras sobre carbunclo, y sobre zafiros te fundaré*». El carbunclo y el zafiro son piedras preciosas que no solo son hermosas a la vista, sino también extremadamente fuertes. Para que tengamos una idea de su fortaleza usaremos la escala de Mohs, que mide el grado de dureza de los materiales. Estas piedras preciosas alcanzan una escala de 9 sobre 10 puntos. ¡Imaginen la durabilidad y la resistencia al desgaste que tienen estas piedras!

Dios está siendo muy específico en esta comparación. Más allá de lo que estuviera atravesando esta mujer, a pesar de lo quebrada que estuviera, Dios no la descartaría. Independientemente de cuán rechazada pudo haber sido, ella no perdería su valor. Así como el artesano toma la vasija rota y la restaura con oro, Dios tomaría sus pedazos, la repararía en Sus manos, y la establecería con firmeza para que estuviera segura.

Cada uno de nosotros podríamos haber experimentado el dolor de sentirnos rotos por dentro, cada cual arrastra un vacío y un sufrimiento distintos en su propia historia. Como esa mujer, sé que a veces lo que atravesamos nos puede hacer sentir sin valor, desesperanzados, a la deriva, pero Dios te está diciendo hoy que esa NO es la verdad.

Tú no estás a la deriva, porque Él está contigo.

Aunque actualmente te sientas perdido y no sepas para dónde vas, Dios sigue siendo el capitán y Él sí conoce a dónde te lleva. **Tú no serás movido por las circunstancias de la vida, porque Dios te ha establecido sobre alguien sumamente fuerte y duradero, el Señor mismo.**

«Y estoy seguro de que Dios, quien comenzó la buena obra en ustedes, la continuará hasta que quede completamente terminada el día que Cristo Jesús vuelva» (Filipenses 1:6, ntv).

¡Creo que mientras estemos en esta tierra nunca comprenderemos cuánto nos ama el Señor! Después de que mi figura se rompió y lloré, le pedí a mi mamá que me ayudara a restaurarla y la volví a colocar en la mesita de noche al lado de mi cama. No fue sustituida por otra pieza, no la escondí detrás de alguna que nunca se hubiera roto, la coloqué nuevamente en su lugar, porque era valiosa para mí.

Tú eres valioso para Dios, el Artesano no te descarta. Ten la seguridad de que, como la historia de esta mujer, tu historia no finalizará con tus pedazos rotos, sino que verás al Señor completando Su obra en ti. No te echarás a perder, porque el mejor Artesano te tiene en Sus manos. Incluso, así como la vasija que se rompe adquiere más valor por el oro con el que es reparada, hasta tus piezas rotas serán usadas para gloria del nombre de Jesús.

No temas, si crees lo que Dios ha dicho, el Artesano te convertirá en quien Él dijo que serías.

El Artesano te ama.

Oración

Gracias, Señor, por amarme de la forma en que lo haces. En este día me coloco en tus talentosas manos para que hagas toda Tu obra en mí, une mis piezas, Señor, y hazme útil para Tu gloria
Por Jesús. Amén.

Hábito de Vida:

Evita conductas de riesgo. Identifica cualquier cosa que estés haciendo que te pueda dañar. Puede ser relacionarte con cierta persona, exponerte a algo que sabes que está mal o consumir alguna droga. Si es necesario, busca ayuda. Haciendo esto evitas que, luego de ser reparado, te vuelvas a dañar.

¡Resplandecerás!

Notas Personales:

Día 3

¡No te vencerá mañana!

*H*ace un tiempo leí un cuento muy curioso que me gustaría compartir contigo hoy.

Cientos de animales de la selva se reunieron en una junta. El rey león había muerto sin hijos y necesitaban un sucesor que ocupara su lugar. Tres leones anhelaban el puesto, por lo que los animales decidieron enfrentarlos en un desafío.

El reto consistía en lo siguiente: había una montaña tan alta en medio de la selva que nunca ningún animal había podido subir hasta la cima, por lo que decidieron que el próximo rey sería el que pudiera ascender hasta la cumbre. Los leones aceptaron y llegó el día esperado. Para sorpresa de todos, ninguno de los leones pudo llegar al pico de la montaña.

Confusos y preocupados, los animales no sabían qué hacer, hasta que un águila descendió a donde estaban reunidos y dijo: «Yo sé quién debe ser nuestro próximo rey. Resulta que estando yo sobrevolando la montaña, vi la ejecución de cada uno. Les contaré lo que sucedió. El primer león, después de caminar por horas y estando totalmente agotado, le habló a la montaña y le dijo: "Montaña, me has vencido", y descendió triste. El segundo león logró subir un poco más que el anterior, hasta que exhausto cayó al suelo y dijo: "Montaña, me has vencido". El tercer león hizo de igual manera su mayor esfuerzo, pero este, cuando no pudo más, dijo: **"Montaña, me has vencido, pero solo por ahora, porque tú has llegado a tu máxima altura, ¡pero yo seguiré creciendo!"**. ¡Todos se quedaron maravillados ante esa gran verdad y lo convirtieron en el rey de la selva!».

¡Qué maravillosa verdad! ¡Tú y yo seguiremos creciendo!

«Con esto no quiero decir que yo haya logrado ya hacer
todo lo que les he dicho, ni tampoco que ya sea yo perfecto.
Pero sí puedo decir que **sigo adelante, luchando por
alcanzar esa meta**, pues para eso me salvó Jesucristo»
(Filipenses 3:12, tla, énfasis mío).

Pablo sabía que no había alcanzado todo lo que anhelaba. Al igual
que para el león, había montañas que aún no había podido escalar,
pero una cosa sí hacía, seguía adelante luchando por alcanzar la
meta. ¡Esa debe ser nuestra actitud! No podemos darnos el permiso de perder la esperanza, estancarnos o renunciar.

¿Sabes cuántas personas habrán claudicado en sus vidas justo
antes de lograrlo? Yo sé que no es fácil seguir intentando muchas
veces sin ver los resultados esperados, pero hay una verdad, y es
que tú y yo, con la ayuda del Dios Todopoderoso, seguiremos creciendo, porque así lo ha prometido el Señor mismo.

Lo que te vence hoy, no te vencerá siempre.

Un joven me comentaba sobre todas las oportunidades de trabajo
que había declinado por su lucha con la baja autoestima. Aun recibiendo buenas ofertas, sus inseguridades eran tan fuertes que
las rechazaba, queriendo aceptarlas, por miedo a no tener un buen
desempeño y que luego lo despidieran. De la misma forma, hay
personas que no se atreven a amar por miedo a ser heridas.

Cada uno de nosotros hemos vivido experiencias que pueden
haber causado que hoy tengamos luchas intensas con inseguridades,
sentimientos de rechazo, desánimo o preocupación excesiva.
También podríamos luchar para permanecer constantes, controlar
nuestro carácter, actuar con humildad, pedir perdón o renunciar a

hábitos dañinos. ¡Son tantas las montañas que podemos enfrentar! Lo importante es entender que cualquiera sea la montaña que se nos está haciendo difícil escalar hoy, **si seguimos creciendo**, entonces lo que nos vence en el presente no nos vencerá siempre.

Permíteme ilustrar este principio de la siguiente manera: imagina que eres un niño pequeño de seis años y un joven de quince años se te enfrenta para agredirte. Posiblemente por tu tamaño y tu poca fuerza, en comparación a los de él, en ese momento logre vencerte. Sin embargo, si pasan los años y te conviertes en un hombre grande y fuerte, entonces ese mismo joven te enfrentará y seguramente no correrá con la misma suerte de la primera vez, porque aunque el mismo agresor siga frente a ti, ¡tú te has hecho más fuerte!

Eso es lo que sucede frente a nuestras luchas: si continuamos creciendo, llegará el momento en el que seremos más fuertes que ellas. Crecer significa madurar, y cuando maduramos permitimos que sea Dios quien nos guíe y capacite.

> «Les he hablado de estas cosas para que en mí tengan paz. En el mundo tendrán aflicción, pero ¡tengan valor; yo he vencido al mundo!» (Juan 16:33, rva2015).

Jesús enfrentó y venció todas las montañas con las que podemos toparnos en este mundo, y para nuestra bendición, Él nos ofrece ser nuestro compañero de viaje. **¡No es lo mismo ir solos a escalar una gran montaña, que ir acompañados por el alpinista más experimentado!** Jesús quiere estar contigo. Te invito a que lo veas junto a ti en esa montaña; si estás con Él y tropiezas, te sostendrá. Por Su experiencia, te indicará cuál es el mejor camino y la mejor forma de llegar a la cima, **solo debes seguirlo a Él**. En Su mochila tiene herramientas que tú no tienes para ayudarte en la escalada. Aunque la montaña sea empinada, junto a Él lo vas a lograr. No te vayas lejos de Él.

«Y el Señor os haga crecer...»
(1 Tesalonicenses 3:12).

No temas, no te aflijas, no claudiques, pídele al Señor que esté contigo, ¡con Su ayuda continuarás creciendo hasta alcanzar esa cima que tanto anhelas!

«Desde el extremo de la tierra clamaré a ti cuando mi corazón desmaye. Llévame a la roca que es más alta que yo porque tú me has sido refugio y torre fortificada delante del enemigo»
(Salmos 61:2-3, rva2015).

Lo importante es que continúes creciendo.

Oración

Jesús, te agradezco que entiendas mis luchas. Hay montañas altas delante de mí que a veces siento que no podré subir, pero hoy te pido que me ayudes a escalarlas. Me humillo, Padre, delante de Ti y reconozco que no hay cima que no hayas alcanzado y vencido antes que yo, por lo que sé que contigo lo lograré.
Por Jesús. Amén.

Hábito de Vida:

Consume vitamina D, ya que está relacionada con la producción de serotonina, un neurotransmisor que afecta positivamente nuestro estado de ánimo. La mejor forma de adquirir vitamina D es exponiéndonos veinte minutos a la luz solar, pero también puedes consumirla por medio de suplementos.

Notas Personales:

Día 4

¡Aprobado!

*S*andra (seudónimo) acababa de terminar sus estudios de medicina y ya estaba lista para hacer su examen de grado y al fin convertirse en doctora. Sin embargo, su pequeña hija padece de una seria condición de salud, y para el tiempo en el que tenía que tomar su examen, la niña cayó hospitalizada y no pudo realizarlo. Un tiempo después hicieron la convocatoria para la próxima fecha del examen. En ese momento su niña estaba hospitalizada nuevamente, pero Sandra decidió no posponerlo más. Durante los meses siguientes se preparó con mucha dedicación, estudiando noche y día. En medio de todo, su mayor preocupación era que su hija no volviera a sufrir otra recaída. El 11 de enero de 2021, un día antes del examen, su niña estaba feliz. Ya había pasado varios meses con un estado de salud muy bueno.

Sandra la acostó temprano y también se fue a dormir con el fin de amanecer descansada para el gran día. Un ruido la despertó casi dos horas más tarde. Su niña estaba convulsionando sin parar. La llevaron inmediatamente a sala de emergencias. Como es natural, el examen del día siguiente se desvaneció de la mente de Sandra por completo. Lo único que quería era que su niña estuviera bien. Fue una noche larga de llanto y oración.

A la mañana siguiente, el papá de Sandra le dijo que la llevaría a hacer el examen. A pesar de que ella se negaba, su papá le dijo que ya la niña estaba bien y le insistió. Sandra, aun angustiada, obedeció y fue a realizar su examen de grado. Ese día no resultó fácil. Su estado emocional empeoró cuando supo que su hija fue trasladada a cuidados intensivos durante la mañana. Justo antes de entrar al salón a tomar el examen, Sandra se encerró en el baño a llorar y le dijo a Dios estas palabras:

«¡Dios mío, siento que no puedo! Por favor, ayúdame, dame de tu paz, porque estoy demasiado ansiosa. Gracias, pues sé que estás conmigo y me escuchas».

Sandra entró al salón y pudo concentrarse por completo. Respondió y entregó su examen, y mientras caminaba por el pasillo de regreso al auto podía experimentar esa paz inexplicable que la había embargado en las últimas horas. Su corazón estaba agradecido con Dios por Su ayuda. Los días siguientes fueron turbulentos, su hija permaneció en cuidados intensivos pediátricos por veintitrés días, hasta que finalmente fue dada de alta y volvieron a casa. Las semanas pasaron y el esperado sobre con los resultados del examen llegó: ¡APROBADO! Sandra ya era doctora.

Esta historia me hizo pensar en las muchas razones que pudo tener Sandra para rendirse y no realizar el examen. De hecho, tenía razones de tanto peso que ninguno de nosotros la cuestionaría si hubiera desistido de continuar. Tal y como Jesús, que tuvo grandes motivos para claudicar y no lo hizo.

Una Historia Verdadera

Marcos 15
Cuando pienso en Jesús y el dolor físico intenso que sufrió en la cruz del Calvario, siento que hay una razón de mucho peso para haber desistido. Por si el dolor físico no fuera suficiente, Jesús también tuvo que sufrir la vergüenza de ser expuesto

desnudo frente a todo el pueblo mientras le gritaban improperios. No solo esto, sino que debió experimentar un dolor emocional muy grande al ver que quienes prometieron estar a Su lado siempre lo abandonaban.

Por otro lado, tuvo que ver sufrir por Su causa a los que sí estuvieron a los pies de la cruz por puro amor, como Su mamá y Juan.

Tengo que admitir que para mí ese podría ser un momento de quiebre, porque solemos resistir el dolor, pero ver sufrir a los que amamos es un dolor demasiado difícil de soportar. Por último, y como si todo lo demás no fuera suficiente, ¡piensa en el tipo de gente por los que estaba sufriendo tanto! Él no moría solo por niños buenos y tiernos, sino por seres humanos malvados, ruines, crueles, que no querían nada con Él.

Sin lugar a dudas, Jesús tuvo mil razones para irse y no pasar el examen de la CRUZ. Sin embargo, no claudicó.

«Por lo cual Dios también le exaltó hasta lo sumo, y **le confirió el nombre que es sobre todo nombre**, para que al nombre de Jesús SE DOBLE TODA RODILLA de los que están en el cielo, y en la tierra, y debajo de la tierra, y toda lengua confiese que Jesucristo es Señor, para gloria de Dios Padre» (Filipenses 2:9-11, lbla, énfasis mío).

Gracias a que la determinación, la obediencia y el amor de Jesús tuvieron más peso que todo lo demás, Él triunfó sobre la muerte y el pecado y nos ofreció la redención que no podemos alcanzar por nosotros mismos. Así como Sandra obtuvo el título de doctora, a Jesús también se le concedió un Nombre que está por encima de cualquier otro nombre.

Permíteme invitarte a pensar: ¿qué nombre deseas que se te dé a ti? ¿Por qué nombre lucharás? ¿Hijo de Dios, Redimido, Sanado, Liberado, Esposo Ejemplar, Padre Presente, Íntegro, Amigo Leal, o uno relacionado con tu profesión o tu posición en un ministerio?

Dios anhela para ti un nombre de honor y ha planificado un futuro hermoso para ti.

«"Porque Yo sé los planes que tengo para ustedes", declara el Señor, "planes de bienestar y no de calamidad, para darles un futuro y una esperanza"» (Jeremías 29:11, nbla).

Sin embargo, para que los pensamientos de Dios se concreticen en nuestra vida, hace falta nuestra acción. No puedes renunciar, aunque tengas razones para hacerlo. No puedes claudicar cuando las circunstancias no estén a tu favor. No puedes postergar cuando tengas miedo.

¡Tenemos que continuar! Tienes que confiar en que Dios está a tu lado para ayudarte y sostenerte.

La doctora de la que te hablé escribió una nota llorando el día que recibió la noticia de que había pasado su examen de grado:

«La fidelidad y el amor de Dios son mi fortaleza. En medio del dolor y la angustia me sostuvo, me guio y me dio paz. Sin Él hubiera sido imposible. Mi estado anímico, mis circunstancias y mi voluntad estaban vulnerables. Por eso le doy toda mi adoración,

alabanza y agradecimiento a mi Señor, al Rey de reyes y Señor de Señores. Cristo no falla. ¡A Él sea toda la gloria y la honra!».

En la vida siempre encontraremos razones para rendirnos, pero si en lugar de eso determinamos, como Jesús y esa esforzada mamá, permanecer firmes e ir tras el nombre que tanto deseamos, seguramente lo alcanzaremos, porque Dios está a nuestro lado y como dijo la doctora: «¡Cristo no falla!».

¡No claudiques!

Oración

Padre, a veces siento que me quedo sin fuerzas y quiero abandonarlo todo. Sin embargo, en mi corazón anhelo alcanzar aquello que has dispuesto para mí. Hoy decido ser constante y determinado como Jesús, quien a pesar de tener todas las razones para renunciar, no claudicó por amor a mí. ¡Ayúdame!
Por Jesús. Amén.

Hábito de Vida:

Elimina los «y si...». Por ejemplo: «¿Y si fracaso en el examen?». Muchas veces sufrimos por lo que no hemos vivido o nos sugestionamos para el fracaso. Sustituye estos pensamientos con frases de afirmación, como por ejemplo: «Me he preparado lo mejor que puedo». Aplica esta actitud a cada área de tu vida.

En la oscuridad, ¡Resplandecerás!

Notas Personales:

Día 5

Con la cuerda
que me queda

En una galería de Londres está expuesta una famosa obra del pintor Federico Watts llamada Esperanza. La misma presenta a una mujer sentada sobre el planeta tierra. Sus ojos se encuentran vendados y en sus manos sostiene un instrumento de cuerdas. Sin embargo, el instrumento tiene todas las cuerdas rotas con excepción de una. La mujer está inclinada hacia el instrumento como quien tiene la esperanza de escuchar la música aun cuando quede una sola cuerda. Esa es la razón para el título de la obra: Esperanza.

Estoy segura de que si cualquiera de nosotros fuéramos a invertir en un instrumento de cuerdas, compraríamos uno que tuviese todas sus cuerdas. Permíteme hacer una comparación directa a cuando nos arriesgamos con cualquier cosa en la vida. Por ejemplo, nos casamos pensando que nos irá bien, estudiamos pensando que nos graduaremos y trabajaremos en lo que nos gusta, conseguimos un trabajo con la ilusión de que tendremos éxito. Sin embargo, por distintas razones, a veces lo planificado comienza a venirse abajo: llegan crisis al hogar, el trabajo no resulta lo que esperábamos, surge una enfermedad. Todo eso hace que sintamos como si una a una las cuerdas de nuestras ilusiones y anhelos comenzaran a romperse. De repente, como en este cuadro, nos encontramos con una vida llena de cuerdas rotas en nuestras manos.

¿Qué haremos cuando esos momentos lleguen a nuestra vida? ¿Nos sentaremos a llorar la pena de ver como todo es distinto a lo que esperábamos, o nos enfocaremos en la cuerda que nos queda y nos levantaremos con esperanza?

> «Con esperanza debe arar el que ara, y el que trilla, con esperanza de recibir el fruto» (1 Corintios 9:10).

¿Cómo debo arar? ¡Con esperanza! ¿Cómo debemos vivir? ¡Con esperanza! La esperanza es una actitud ante la vida. Es un acto de la voluntad y también un sentimiento que surge cuando tenemos fe y confianza en Dios. El Señor quiere que vivamos con esperanza. El gran problema es que muchas personas han colocado su esperanza en los lugares equivocados. Unos ponen su esperanza en el dinero o en lo que puedan alcanzar en este mundo. Esas son cuerdas muy frágiles que se rompen con facilidad.

> «Porque las riquezas pueden desaparecer como si les salieran alas, se van volando como águilas»
> (Proverbios 23:5, nbv).

¡Cuántas personas han sufrido de ansiedades profundas, perdido relaciones de familia y hasta se han quitado la vida por poner su esperanza en algo tan efímero como el dinero!

Otro de los lugares equivocados donde comúnmente las personas depositan su esperanza es en otros seres humanos. Muchos piensan que cuando conozcan a alguien que los ame, entonces serán felices. Por otro lado, muchos tienen su fe puesta en sí mismos. Ambas son cuerdas demasiado frágiles. Los seres humanos fallamos, y por más fuerte que nos creamos, la realidad es que llegamos a un punto en que nos debilitamos y somos insuficientes.

> «Esto dice el Señor: "Malditos son los que ponen su confianza en simples seres humanos, que se apoyan en la fuerza humana y apartan el corazón del Señor"» (Jeremías 17:5, ntv).

Si nuestra esperanza está colocada en los seres humanos, ya sea en nosotros mismos o en otros, eso será una maldición para nuestra vida. Solo hay Uno en el que debemos poner nuestra esperanza y toda nuestra confianza.

Una Historia Verdadera

2 Reyes 18

Existía un rey muy joven llamado Ezequías que reinaba en Jerusalén. Este rey no puso su esperanza en las riquezas, el poder o su posición; tampoco la puso en quienes decían amarlo o los que le servían, sino que Ezequías puso su esperanza en DIOS.

«En Jehová Dios de Israel puso su esperanza; ni después ni antes de él hubo otro como él entre todos los reyes de Judá» (2 Reyes 18:5).

La razón para decir esto de Ezequías no era por sus palabras, sino porque la forma en la que vivía y las decisiones que tomaba hacían evidente que él había colocado su esperanza en Dios.

«Hizo lo recto ante los ojos de Jehová [...] Él quitó los lugares altos, y quebró las imágenes, y cortó los símbolos de Asera, e hizo pedazos la serpiente de bronce que había hecho Moisés, porque hasta entonces le quemaban incienso los hijos de Israel [...] siguió a Jehová, y no se apartó de él, sino que guardó los mandamientos que Jehová prescribió a Moisés» (2 Reyes 18:3, 4, 6).

Permíteme preguntarte: ¿cómo se ha hecho evidente en tu vida que has puesto en Dios tu esperanza? Cuando ha llegado el tiempo difícil, ¿te has encerrado y dejado llevar por la depresión, o te has levantado creyendo que día a día y paso a paso saldrás adelante porque Dios está contigo? Cuando han llegado situaciones económicas difíciles, ¿has mentido o hecho negocios ilícitos, o has confiado en la provisión de Dios? Cuando ha llegado la crisis al núcleo familiar, ¿has dejado de luchar, o has buscado la guía de Dios para reconstruir tu hogar? Cuando no ha llegado eso que tanto anhelas, como una pareja, ¿has comenzado una relación con una persona inadecuada, o colocado tu esperanza en Dios esperando por Su dirección?

**Nuestra confianza en Dios se hace evidente
en la forma en que vivimos.**

En la famosa pintura de la galería de Londres, la mujer llena de esperanza tiene los ojos vendados y eso es muy significativo, porque nuestra esperanza no está en lo que vemos, sino en Aquel que no vemos. David decía:

> «Tú eres mi esperanza, mi Dios,
> ¡el castillo en el que pongo mi confianza!»
> (Salmos 91:2, rvc).

Muchas veces el sufrimiento llega como consecuencia de colocar nuestra esperanza en el lugar equivocado, pero **si la única cuerda que te queda es Dios, no serás desilusionado, porque Dios no te fallará.** Estoy segura de que todos anhelamos vidas llenas de valor, reposo,[a] y gozo[b]. Esas son las promesas que las Escrituras nos garantizan cuando ponemos en Dios nuestra esperanza.

Si la cuerda que te queda es tu relación con Él, te aseguro que a pesar de que hayas perdido todas las demás cuerdas, tú, mi amado lector, seguirás escuchando la música.

Referencias bíblicas: [a] Job 11:18 [b] Romanos 12:12

Coloca tu esperanza únicamente en Dios.

Oración

Confieso que al ver tantas cuerdas rotas en mi vida he perdido la esperanza, pero a lo largo de este libro he sido redirigido a mirarte a Ti. Recobro mi esperanza, porque Tú nunca fallas. Gracias, Jesús, por ser en mi vida la cuerda que no se romperá.
Amén.

Hábito de Vida:

Detente. Piensa. Actúa. Esta técnica conocida por muchos es la técnica del semáforo.
La misma busca que no reacciones rápidamente ante los desafíos de la vida. Cada vez que enfrentes una situación que produzca en ti emociones intensas —mucho dolor, coraje, miedo, placer u otras— en lugar de dejarte llevar por lo que sientes, te detendrás (rojo), pensarás en las consecuencias (amarillo), y entonces llevarás a cabo la acción adecuada (verde). Te aseguro que este hábito de vida producirá excelentes resultados en ti.

En la oscuridad

Notas Personales:

Mi Tiempo

Esta semana hemos aprendido cinco principios importantes para que las Buenas Nuevas se hagan realidad en nuestra vida. En nuestro periódico de hoy solo tenemos buenas noticias. A continuación, llena el crucigrama con los principios que hemos aprendido.

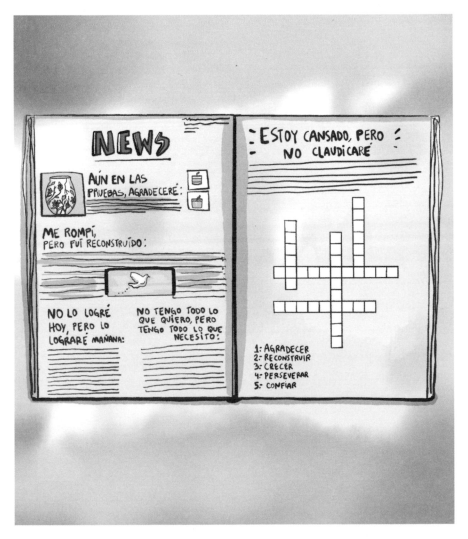

En la oscuridad

Notas Personales:

¡Resplandecerás!

Palabras Finales

Amado lector, hemos concluido nuestro viaje. ¡Te felicito por tu perseverancia y por haber completado lo que te propusiste en tu corazón! La constancia y la fe que has demostrado tener para llegar hasta aquí es la misma que Dios mostrará para cumplir lo que ha dicho de ti. Recuerda que en este caminar NO ESTÁS SOLO. Este libro ha terminado, pero tienes la Palabra de Dios para leerla y obedecerla cada día de tu vida. El Espíritu de Dios está contigo en cada página para guiarte, consolarte, fortalecerte y animarte. No olvides que si crees en Su Verdad y la obedeces, aun en medio de la más densa oscuridad... ¡RESPLANDECERÁS!

Con todo mi cariño,

Christy

Agradecimientos

Por este camino no se puede transitar solo. Es necesaria la compañía y el apoyo de personas que se hacen claves para poder alcanzar las metas propuestas. Es por esto que dedico estas próximas líneas para agradecer a esas personas.

Primeramente, deseo expresar mi gratitud a mi Señor y Salvador Jesús por Su eterno amor. Gracias por sostenerme, ayudarme, dirigirme, cuidarme y por contar conmigo para dar a conocer a otros un poco de tu gran amor.

A mi querido esposo, Elvin R. Talavera. Gracias, mi cielo, por cuidarme siempre. Me siento protegida en tu amor.

A mi hermosa mamá, Selmy Monrouzeau. ¡Eres una muestra tan real del amor de Dios!

A mi amada audiencia por recibir todo lo que hago con tanto amor y compartirlo con la pasión con la que lo hacen.

A mi querida amiga y publicista Celi Marrero por su excelente desempeño al dar a conocer mis libros al mundo a través de los medios de comunicación.

A la talentosa ilustradora mexicana Karen Castilla. ¡Gracias Karen por compartir el don que Dios ha depositado en ti para levantar a otros!

A cada integrante del equipo de HarperCollins. Agradezco a Cris Garrido, José «Pepe» Mendoza, Graciela Lelli, Matthew McGhee, Carlos Silva, así como a cada persona que ha aportado de una forma u otra para que este libro sea una realidad. Gracias por creer en mí y darme el privilegio de ser parte de ustedes.

Agradezco a la sicóloga consejera Lcda. Gisela Cordero y al sicólogo clínico Dr. Carlos Ramos por haber compartido sus conocimientos y recomendaciones profesionales incorporadas en el libro, particularmente la sección "Hábito de Vida".

A cada dueño de librería o tienda que tiene a bien incluir nuestras obras literarias como parte de su inventario al público. ¡Muchas gracias por el apoyo!